山本浩司のautoma system

試験に出る ひながた集

不動産登記法

オートマ実行委員会
代表 山本浩司

早稲田経営出版
TAC PUBLISHING Group

まえがき

当たり前のことが当たり前に書ければ受かる。

これがけっこうむつかしい。

本試験には鬼が棲むといいますが、みんなアタマ真っ白でね、いつもなら書けることでも、書けないんだなあ。これが。

はい、時間切れ。

はたまた、気持ちが宙に浮いたから。

そういうことで、もうちょっとで受かるはずが受からなかった無念の声をどれほど聞いたことか。

これはね。本人も無念だろうが、私たちだってとても悔しいんだよ。

そこで、素振りです。これが大事なんです。

野球で言うじゃないですか。

絶好の機会に三振したひいきチームの選手にそのファンのみなさまが。

「こらぁ。ぼけぇ。素振りしとったんかぁ」

そうです。

素振りせんとイザってときに力はでんのです。

基本が大事であって、野球だけじゃない、実力者というのは、人一倍、基本がしっかりしている人のことなんです。

そこでね、無念なことがないように、今回、記述式の基本の基本を精魂込めて本書をお作りいたしました。

本書の作成が、みなさまの合格のお役に立つことができればありがたき幸せであります。

オートマ実行委員会

山本浩司

西垣哲也

第５版刊行にあたって

令和６年４月１日までに施行される改正法および最近出された先例等を反映したうえで、全体の記述を見直し、登記の申請情報をいくつか追加して、今般、第５版を出版することとなりました。

また、この度の改訂版では、みなさまに記述式試験の心得をお伝えすべく、コラムをいくつか追加しました。ひながたの学習を刺激するスパイスとしてぜひ参考にしていただけると何よりです。

今後とも、本書をご愛顧のほどよろしくお願いするとともに、読者のみなさまの短期の合格を心よりお祈り申し上げております。

令和６年６月　　オートマ実行委員会

本書の使いかた

1 試験に出る「ひながた」を厳選×豊富な登記記録例＋見やすい見開き構成

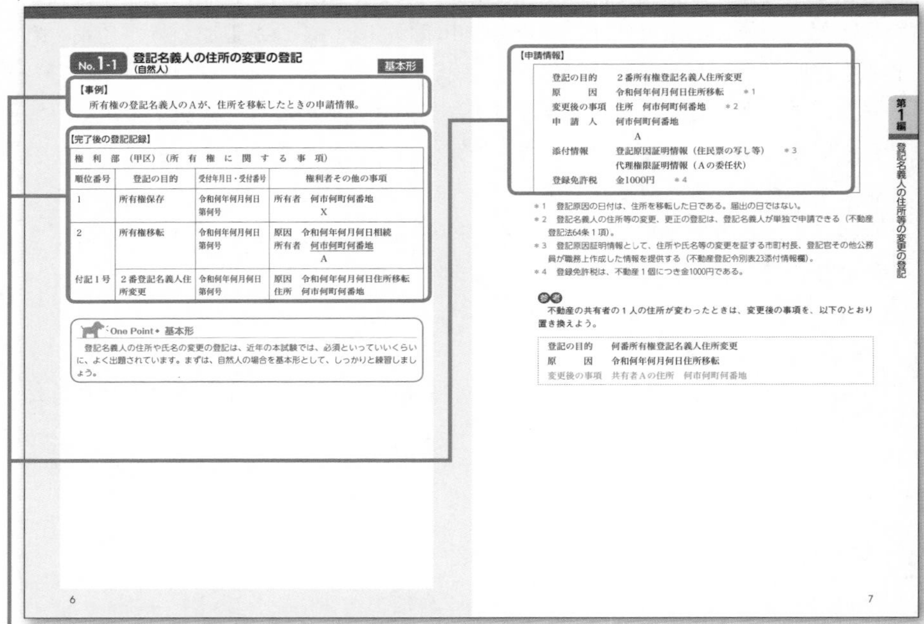

No.1-1 登記名義人の住所の変更の登記（自然人）　基本形

【事例】
所有権の登記名義人のAが、住所を移転したときの申請情報。

【完了後の登記記録】

権利部（甲区）（所有権に関する事項）			
順位番号	登記の目的	受付年月日・受付番号	権利者その他の事項
1	所有権保存	令和何年何月何日 第何号	所有者　何市何町何番地 X
2	所有権移転	令和何年何月何日 第何号	原因　令和何年何月何日相続 所有者　何市何町何番地 A
付記１号	２番登記名義人住所変更	令和何年何月何日 第何号	原因　令和何年何月何日住所移転 住所　何市何町何番地

One Point◆ 基本形
登記名義人の住所や氏名の変更の登記は、近年の本試験では、必須といっていいくらいに、よく出題されています。まずは、自然人の場合を基本形として、しっかりと練習しましょう。

6

【申請情報】

登記の目的　２番所有権登記名義人住所変更
原　　因　令和何年何月何日住所移転　＊1
変更後の事項　住所　何市何町何番地　＊2
申 請 人　何市何町何番地
A
添付情報　登記原因証明情報（住民票の写し等）　＊3
代理権限証明情報（Aの委任状）
登録免許税　金1000円　＊4

＊1　登記原因の日付は、住所を移転した日である。届出の日ではない。
＊2　登記名義人の住所等の変更、更正の登記は、登記名義人が単独で申請できる（不動産登記法64条１項）。
＊3　登記原因証明情報として、住所や氏名等の変更を証する市町村長、登記官その他公務員が職務上作成した情報を提供する（不動産登記令別表23添付情報欄）。
＊4　登録免許税は、不動産１個につき金1000円である。

参考
不動産の共有者の１人の住所が変わったときは、変更後の事項を、以下のとおり置き換えよう。

登記の目的　何番所有権登記名義人住所変更
原　　因　令和何年何月何日住所移転
変更後の事項　共有者Aの住所　何市何町何番地

第1編 登記名義人の住所等の変更の登記

7

①本書は、記述式試験を解くための基礎である申請書の「ひながた」の習得に特化した「ひながた」の学習書です。そのため、試験に必要な「ひながた」のみに限定してあります。

②本書では、原則として、左のページに**【事例】**と**【完了後の登記記録例】**を示し、右のページに登記の申請書のひながたを示す、という見開きの構成としています。また、それぞれの事例のポイントを、One Pointとして示してあります。そこに書いてあることを念頭に置きながら、申請書のひながたを学習していきましょう。

2 見て覚える＋実際にひながたを書いてみる ＝２ステップ方式で学習効果はバツグン！

まずは、**【事例】**と**【完了後の登記記録例】**を見て、この登記をしたときの申請書のひながたを目で覚えましょう。コンパクトサイズで、見やすい見開き構成だから、空いた時間を利用して何回も確認することができます。

次に、付録の「ひながた書きこみ用練習シート」を使って、実際に申請書を書いてみましょう。「練習シート」は、近年の出題傾向にあわせて、いくつかのパターンを用意しています。必要に応じて、コピーして使ってください。ステップ①で覚えたひながたを、本試験形式の答案用紙を使って書くことで、効率的かつ実践的に身につけていきましょう。

この２ステップの繰り返しが、ひながた習得のコツです。

3 ココをチェックしようで、ひながた×別紙の読み取りのハイブリッド式学習！

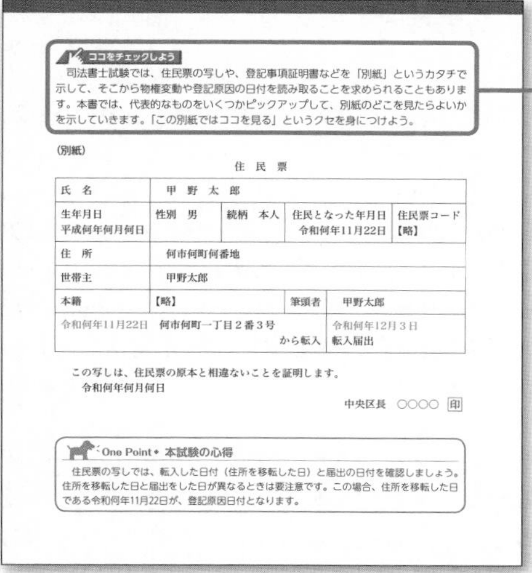

ココをチェックしよう

司法書士試験では、住民票の写しや、登記事項証明書などを「別紙」というカタチで示して、そこから物権変動や登記原因の日付を読み取ることを求められることもあります。本書では、代表的なものをいくつかピックアップして、別紙のどこを見たらよいかを示していきます。「この別紙ではココを見る」というクセを身につけよう。

(別紙)

住　民　票

氏　名	甲　野　太　郎			
生年月日 平成何年何月何日	性別　男	続柄　本人	住民となった年月日 令和何年11月22日	住民票コード 【略】
住　所	何市何町何番地			
世帯主	甲野太郎			
本籍	【略】		筆頭者	甲野太郎
令和何年11月22日　何市何町一丁目２番３号 から転入				令和何年12月３日 転入届出

この写しは、住民票の原本と相違ないことを証明します。
令和何年何月何日

中央区長　○○○○　印

One Point◆ 本試験の心得

住民票の写しでは、転入した日付（住所を移転した日）と届出の日付を確認しましょう。住所を移転した日と届出をした日が異なるときは要注意です。この場合、住所を移転した日である令和何年11月22日が、登記原因日付となります。

記述式試験では、別紙が示されます。その別紙には、「目の付け所」があります。そこで、特に重要なものを「ココをチェックしよう」として示してあります。単にひながたを覚えるだけでなく、別紙の読み取りかたも効率よく身につけましょう。

目次

序　章

序章　登記記録と申請情報のひながた

<table>
<tr><td colspan="3">表　題　部　（主である建物の表示）</td><td>不動産番号</td><td>1234512345123</td></tr>
<tr><td>所在図番号</td><td colspan="4">余白</td></tr>
<tr><td>所　　在</td><td colspan="2">何市何町一丁目１番地１</td><td colspan="2">余白</td></tr>
<tr><td>家屋番号</td><td colspan="2">１番１</td><td colspan="2">余白</td></tr>
<tr><td>①　種　類</td><td>②　構　　造</td><td>③　床　面　積　㎡</td><td colspan="2">原因及びその日付〔登記の日付〕</td></tr>
<tr><td>居　宅</td><td>鉄骨鉄筋コンクリート造２階建</td><td>１階　85　00
２階　85　00</td><td colspan="2">令和何年何月何日新築
〔令和何年何月何日〕</td></tr>
<tr><td>所　有　者</td><td colspan="4">何市何町何番地　A</td></tr>
</table>

<table>
<tr><td colspan="4">権　利　部　（甲区）（所　有　権　に　関　す　る　事　項）</td></tr>
<tr><td>順位番号</td><td>登記の目的</td><td>受付年月日・受付番号</td><td>権利者その他の事項</td></tr>
<tr><td>1</td><td>所有権保存</td><td>令和何年何月何日
第何号</td><td>所有者　何市何町何番地
A</td></tr>
<tr><td>2</td><td>所有権移転</td><td>令和何年何月何日
第何号</td><td>原因　令和何年何月何日売買
所有者　何市何町何番地
B</td></tr>
</table>

上記の登記記録は、甲建物の表題部から権利部甲区までを示しています。そして、右ページの申請情報は、Bが甲区２番の登記を受けたときに司法書士が作成したものです。本書では、一部を除いて、完了後の登記記録を示すとともに、その登記を申請したときの申請情報を掲げます。そうすることで、申請後の登記記録は、実に「見やすいカタチ」に収まっていることがわかると思います。

本書でピックアップした申請情報のひながたは、司法書士試験の記述式試験を突破するために必要なモノに限定しています。まずは、各事例を確認した上で、登記申請前と登記申請後の登記記録をよく念頭に置きながら、答案練習シートを使って、実際に申請情報を書いてみてください。また、いくつかの事例では、申請情報のひながたのほかに、記述式の問題を解くときに確認すべきポイントも示してあります。本書をぜひフル活用して、記述式試験を突破するための基礎を身につけていきましょう。

登　記　申　請　書

登記の目的　　所有権移転
原　　　因　　令和何年何月何日売買
権　利　者　　何市何町何番地
　　　　　　　　B
義　務　者　　何市何町何番地
　　　　　　　　A
添付情報　　　登記原因証明情報　　登記識別情報　　住所証明情報
　　　　　　　印鑑証明書　　代理権限証明情報
登記識別情報を提供することができない理由
□　不通知　　□　失効　　□　失念　　□　その他（　　　　　）
□　登記識別情報の通知を希望しません。
令和何年何月何日申請　　某法務局
代理人　　　　何市何町何丁目何番何号
　　　　　　　　司法書士　法務律子　　印
　　　　　　　連絡先の電話番号　　××－××××－××××
課税価格　　　金1000万円
登録免許税　　金20万円
不動産の表示
　　　　　　不動産番号　1234512345123
　　　　　　所　　在　　何市何町一丁目１番地１
　　　　　　家屋番号　　１番１
　　　　　　種　　類　　居宅
　　　　　　構　　造　　鉄骨鉄筋コンクリート造２階建
　　　　　　床 面 積　　１階　85・00㎡
　　　　　　　　　　　　２階　85・00㎡

＊　記述式試験では、上記の申請情報のうち、その一部の記載を求められます。以下、試験対策として必要な部分を、ひながたとして示していきます。

第1編

登記名義人の住所等の変更の登記

No. 1-1 登記名義人の住所の変更の登記（自然人）

基本形

【事例】

所有権の登記名義人のＡが、住所を移転したときの申請情報。

【完了後の登記記録】

権　利　部　（甲区）　（所　有　権　に　関　す　る　事　項）			
順位番号	登記の目的	受付年月日・受付番号	権利者その他の事項
1	所有権保存	令和何年何月何日 第何号	所有者　何市何町何番地 Ｘ
2	所有権移転	令和何年何月何日 第何号	原因　令和何年何月何日相続 所有者　何市何町何番地 Ａ
付記１号	２番登記名義人住所変更	令和何年何月何日 第何号	原因　令和何年何月何日住所移転 住所　何市何町何番地

One Point◆ 基本形

登記名義人の住所や氏名の変更の登記は、近年の本試験では、必須といっていいくらいに、よく出題されています。まずは、自然人の場合を基本形として、しっかりと練習しましょう。なお、本編は所有権登記名義人の事案ですが、所有権以外の権利の場合は、所有権の部分を抵当権や根抵当権と置き換えればよろしいです。

【申請情報】

登記の目的　２番所有権登記名義人住所変更
原　　因　令和何年何月何日住所移転　＊１
変更後の事項　住所　何市何町何番地　＊２
申　請　人　何市何町何番地
　　　　A
添付情報　登記原因証明情報（住民票の写し等）　＊３
　　　　代理権限証明情報（Aの委任状）
登録免許税　金1000円　＊４

＊１　登記原因の日付は、住所を移転した日である。届出の日ではない。

＊２　登記名義人の住所等の変更、更正の登記は、登記名義人が単独で申請することができる（不動産登記法64条１項）。

＊３　登記原因証明情報として、住所や氏名等の変更を証する市町村長、登記官その他公務員が職務上作成した情報を提供する（不動産登記令別表23添付情報欄）。

＊４　登録免許税は、不動産１個につき金1000円である。

参考

不動産の共有者の１人の住所が変わったときは、変更後の事項を、以下のとおり置き換えよう。

登記の目的　何番所有権登記名義人住所変更
原　　因　令和何年何月何日住所移転
変更後の事項　共有者Aの住所　何市何町何番地

参考

所有権の登記名義人が国内に住所を有しないときは、次のとおり国内連絡先事項が登記事項となります（不動産登記法73条の２第１項２号）。本書に登場する所有権登記名義人は、例外なく、すべて国内に住所を有する者であるものとします。

【国内連絡先事項に関する登記の記録例】

順位番号	登記の目的	受付年月日・受付番号	権利者その他の事項
1	所有権保存	年月日第何号	所有者　何国何州何通り X 国内連絡先　何市何町何番地 A

No. 1-2 登記名義人の住所の変更の登記（自然人・一括申請）

基本形➡変形

【事例】

Aが単独所有する甲土地（甲区２番）と、ＡＢが共有する乙土地（甲区２番）がある。Aが住所を移転したときの住所変更登記を、一の申請情報によって申請する場合の申請情報。なお、甲土地と乙土地の管轄登記所は同一であるものとする。

【完了後の登記記録（乙土地のみ）】

権　利　部（甲区）（所　有　権　に　関　す　る　事　項）			
順位番号	登記の目的	受付年月日・受付番号	権利者その他の事項
２	所有権移転	令和何年何月何日 第何号	原因　令和何年何月何日売買 共有者　何市何町何番地 持分２分の１　A 何市何町何番地 持分２分の１　B
付記１号	２番登記名義人住所変更	令和何年何月何日 第何号	原因　令和何年何月何日住所移転 共有者Aの住所　何市何町何番地

One Point◆ 基本形→変形

本事例は、登記名義人の住所変更登記の一括申請の事案です。No.1-1の基本形から、変更後の事項を申請情報例のとおり置き換えよう。これが、基本形→変形のテクニックです。以下、基本形→変形のパターンでは、1-1、1-2などの枝番でセットにして、変形する部分を色付きの文字で示しています。基本形のどの部分が変わっているのかをよく意識しながら、申請情報を書いてみましょう。

【申請情報】

登記の目的	２番所有権登記名義人住所変更　＊１
原　　因	令和何年何月何日住所移転
変更後の事項	所有者及び共有者Ａの住所　＊２ 何市何町何番地
申　請　人	何市何町何番地 Ａ
添付情報	登記原因証明情報（住民票の写し等） 代理権限証明情報（Ａの委任状）
登録免許税	金2000円　＊３

＊１　甲土地と乙土地で順位番号が相違するときは、登記の目的を「所有権登記名義人住所変更（順位番号後記のとおり）」と置き換えよう。そして、不動産の表示において、それぞれの土地の順位番号を特定する。

＊２　基本形の「変更後の事項」の住所の部分を、このとおり置き換えよう。

＊３　登録免許税は、不動産１個につき金1000円である。本事例では、不動産が２個であるから、登録免許税は2000円となる。

参考

不動産の共有者ＡＢが、同日、同じ住所に移転したときも一括申請することができる（質疑答研409P85）。この場合の申請情報は、次のとおりである。

登記の目的	何番所有権登記名義人住所変更
原　　因	年月日住所移転
変更後の事項	共有者Ａ及びＢの住所 何市何町何番地
申　請　人	Ａ　Ｂ
添付情報	登記原因証明情報　　代理権限証明情報
登録免許税	金1000円

No. 1-3 登記名義人の住所の変更の登記（法人）

基本形➡変形

【事例】

所有権登記名義人である株式会社オートマチック（代表取締役　山本一郎）が、その本店を移転したときの申請情報。

【完了後の登記記録】

権　利　部（甲区）（所　有　権　に　関　す　る　事　項）			
順位番号	登記の目的	受付年月日・受付番号	権利者その他の事項
1	所有権保存	令和何年何月何日 第何号	所有者　何市何町何番地 A
2	所有権移転	令和何年何月何日 第何号	原因　令和何年何月何日売買 所有者　何市何町何番地 株式会社オートマチック 会社法人等番号　1234-56-789012
付記1号	2番登記名義人住所変更	令和何年何月何日 第何号	原因　令和何年何月何日本店移転 本店　何市何町何番地

One Point◆ 基本形→変形のコツ

登記名義人が会社などの法人であるときは、No.1-1の自然人の場合の申請情報の基本形に、代表者の氏名や添付情報などを、いくつかプラスしていけばよろしいです。また、所有権登記名義人が法人であるときは、会社法人等番号その他の法人識別事項が登記事項となります（不動産登記法73条の２第１項１号）。ただし、本書の完了後の登記記録例においては、場合によっては、会社法人等番号などの登記事項を一部省略しているケースもあります。

【申請情報】

登記の目的　　２番所有権登記名義人住所変更
原　　　因　　令和何年何月何日本店移転　　＊１
変更後の事項　本店　何市何町何番地
申　請　人　　何市何町何番地
　　　　　　　　株式会社オートマチック
　　　　　　　　（会社法人等番号　1234-56-789012）　　＊２
　　　　　　　　　　代表取締役　山本　一郎
添付情報　　　登記原因証明情報　　＊３
　　　　　　　会社法人等番号　　＊４
　　　　　　　代理権限証明情報（株式会社オートマチックの代表者の委任状）
登録免許税　　金1000円

＊１　登記名義人が会社の場合、登記の目的として「住所変更」、登記原因として「本店移転」と記載する。

＊２　申請人が会社法人等番号を有する法人であるときは、添付情報として、会社法人等番号を提供する（不動産登記令７条１項１号イ）。この場合、申請情報例のとおり、申請人の名称に続けて会社法人等番号を記載する（先例平27.10.23-512）。

＊３　登記原因証明情報として、住所の変更を証する登記事項証明書を提供する。なお、会社法人等番号の提供により住所の変更を確認できるときは、これをもって住所の変更を証する情報の提供に代えることができる（先例平27.10.23-512）。

＊４　会社法人等番号を提供するときは、申請人の欄のほか、添付情報欄にも「会社法人等番号」と記載する。

参考 登記事項証明書を提供して申請する場合の申請情報

登記の目的　　２番所有権登記名義人住所変更
原　　　因　　令和何年何月何日本店移転
変更後の事項　本店　何市何町何番地
申　請　人　　何市何町何番地
　　　　　　　　株式会社オートマチック
　　　　　　　　　　代表取締役　山本　一郎
添付情報　　　登記原因証明情報　　登記事項証明書　　代理権限証明情報

法人の代表者の資格を証する作成後３か月以内の登記事項証明書を提供したときは、会社法人等番号の提供を要しない（不動産登記規則36条１項、２項）。

以下、申請人が法人であるときは、会社法人等番号を提供する場合の申請情報例を示します。

ココをチェックしよう

司法書士試験では、住民票の写しや、登記事項証明書などを「別紙」というカタチで示して、そこから物権変動や登記原因の日付を読み取ることを求められることもあります。本書では、代表的なものをいくつかピックアップして、別紙のどこを見たらよいかを示していきます。「この別紙ではココを見る」というクセを身につけよう。

（別紙）

住　民　票

<table>
<tr><td>氏　名</td><td colspan="5">甲　野　太　郎</td></tr>
<tr><td>生年月日
平成何年何月何日</td><td>性別　男</td><td>続柄　本人</td><td colspan="2">住民となった年月日
令和何年11月22日</td><td>住民票コード
【略】</td></tr>
<tr><td>住　所</td><td colspan="5">何市何町何番地</td></tr>
<tr><td>世帯主</td><td colspan="5">甲野太郎</td></tr>
<tr><td>本籍</td><td colspan="2">【略】</td><td>筆頭者</td><td colspan="2">甲野太郎</td></tr>
<tr><td colspan="4">令和何年11月22日　何市何町一丁目２番３号
から転入</td><td colspan="2">令和何年12月３日
転入届出</td></tr>
</table>

この写しは、住民票の原本と相違ないことを証明します。
令和何年何月何日

中央区長　○○○○　印

One Point◆ 本試験の心得

住民票の写しでは、転入した日付（住所を移転した日）と届出の日付を確認しましょう。住所を移転した日と届出をした日が異なるときは要注意です。この場合、住所を移転した日である令和何年11月22日が、登記原因日付となります。

（別紙）

履歴事項一部証明書（抜粋）

<table>
<tr><td>会社法人等番号</td><td colspan="2">１２３４－５６－７８９０１２</td></tr>
<tr><td>商　号</td><td colspan="2">株式会社オートマチック</td></tr>
<tr><td rowspan="3">本　店</td><td colspan="2">何市何町何番地</td></tr>
<tr><td rowspan="2">何市何町何番地</td><td>令和何年11月22日移転</td></tr>
<tr><td>令和何年11月30日登記</td></tr>
<tr><td>公告をする方法</td><td colspan="2">官報に掲載してする</td></tr>
<tr><td>会社成立の年月日</td><td colspan="2">令和何年何月何日</td></tr>
<tr><td rowspan="8">役員に関する事項</td><td rowspan="2">取締役　山本一郎</td><td>令和何年何月何日重任</td></tr>
<tr><td>令和何年何月何日登記</td></tr>
<tr><td rowspan="2">取締役　山本二郎</td><td>令和何年何月何日重任</td></tr>
<tr><td>令和何年何月何日登記</td></tr>
<tr><td rowspan="2">取締役　山本三郎</td><td>令和何年何月何日重任</td></tr>
<tr><td>令和何年何月何日登記</td></tr>
<tr><td rowspan="2">何市何町何番地
代表取締役　山本一郎</td><td>令和何年何月何日重任</td></tr>
<tr><td>令和何年何月何日登記</td></tr>
</table>

One Point◆ 本試験の心得

法人の登記事項証明書でも、見るべきポイントは、自然人の場合と同じです。本店を移転しているときは、本店移転の日である令和何年11月22日が登記原因の日付となります。登記をした日ではないので注意しましょう。

No. 1-4 代位による登記名義人の住所の変更の登記 基本形➡変形

【事例】

所有権の登記名義人であるAが、住所を移転した。この事実に基づく登記名義人の住所の変更の登記を、Aの債権者Xが代位して申請するときの申請情報。

【完了後の登記記録（登記事項一部省略）】

権利部（甲区）（所有権に関する事項）			
順位番号	登記の目的	受付年月日・受付番号	権利者その他の事項
2	所有権移転	令和何年何月何日 第何号	原因　令和何年何月何日相続 所有者　何市何町何番地 A
付記1号	2番登記名義人住所変更	令和何年何月何日 第何号	原因　令和何年何月何日住所移転 住所　何市何町何番地 代位者　何市何町何番地 X 代位原因　令和何年何月何日設定の抵当権設定登記請求権

One Point◆ 基本形→変形のコツ

登記名義人の住所等の変更の登記は、債権者が代位して申請することもできます。債権者代位による登記では、代位者、代位原因、代位原因を証する情報をプラスしましょう。

ココをチェックしよう

代位による登記名義人の住所等の変更の登記（名変）は、昭和62年、平成28年の本試験の記述式で登場しています。昭和62年は判決による登記、平成28年は調停調書に基づく登記で、登記権利者のみからの依頼という事案でした。

確定判決、和解または調停の事案の場合、「誰から依頼を受けているか（登記権利者のみからの依頼かどうか）」という点が、目の付けどころとなります。

①確定判決等、②依頼者（登記権利者のみ）、③名変、以上のパーツが揃ったときは、「代位による名変」とピンとくるようにしておきましょう。

【申請情報】

登記の目的	２番所有権登記名義人住所変更
原　　　因	令和何年何月何日住所移転
変更後の事項	住所　何市何町何番地
申　請　人	何市何町何番地 （被代位者）　A
代　位　者	何市何町何番地 X
代位原因	令和何年何月何日設定の抵当権設定登記請求権　＊1
添付情報	登記原因証明情報 代位原因を証する情報（抵当権設定契約書等） 代理権限証明情報（Xの委任状）
登録免許税	金1000円　＊2

＊1　代位原因の詳細は、第２編所有権に関する登記のNo.6-5を参照しよう。

＊2　登録免許税は、不動産１個につき金1000円である。

先例

① 所有権以外の権利の登記（買戻権を含む）の抹消を申請する場合において、登記義務者の住所等に変更があるときは、その変更を証する情報を提供することにより、便宜、登記名義人の住所等の変更の登記をすることなく、直ちにその抹消を申請できる（先例昭28.12.17-2407）。

② 所有権に関する仮登記の抹消を申請する場合において、登記義務者である仮登記名義人の住所等に変更があるときは、その変更を証する情報を提供することにより、仮登記名義人の住所等の変更の登記をすることなく、その抹消を申請できる（先例昭32.6.28-1249）。

③ 数回にわたって住所を移転した結果、登記記録上の住所と同一の住所地となったときは、登記名義人の住所等の変更の登記の申請を要しない（質疑登研379P91）。

No. 1-5 登記名義人の住所の変更の登記（非課税となる場合）

基本形➡変形

【事例】

２番所有権登記名義人のＡが、令和何年11月25日、「何市何町何番地」に住所を移転し、同年12月１日、住居表示の実施により、その住所が「何市何町何丁目何番何号」となったときの申請情報。

〈令２年記述式〉

【申請情報】

登記の目的	２番所有権登記名義人住所変更
原　　　因	令和何年11月25日住所移転 令和何年12月１日住居表示実施　　＊１
変更後の事項	住所　何市何町何丁目何番何号
申　請　人	何市何町何丁目何番何号 Ａ
添付情報	登記原因証明情報（住民票の写し等、住居表示の実施を証する書面）　＊２ 代理権限証明情報（Ａの委任状）
登録免許税	非課税（登録免許税法第５条第４号）　　＊３

＊１　住所の変更の原因が相違するときは、登記原因を併記する。

＊２　最終の登記原因が住居表示実施または行政区画の変更であるときは、登録免許税は非課税となる（先例昭42.12.14-3447、平22.11.1-2759）。このため、非課税証明書として住居表示実施等の証明書を添付する。

＊３　非課税の根拠となる条文を記載する。

・住居表示実施の場合→登録免許税法第５条第４号

・行政区画の変更の場合→登録免許税法第５条第５号

No.2-1 登記名義人の氏名の変更の登記（自然人）

基本形

【事例】

所有権の登記名義人冬山弥生が婚姻したことにより、その氏名を春山弥生に変更したときの申請情報。

【完了後の登記記録】

権利部（甲区）（所有権に関する事項）			
順位番号	登記の目的	受付年月日・受付番号	権利者その他の事項
1	所有権保存	令和何年何月何日 第何号	所有者　何市何町何番地 冬山弥生
付記１号	１番登記名義人氏名変更	令和何年何月何日 第何号	原因　令和何年何月何日氏名変更 氏名　春山弥生

【申請情報】

登記の目的　　１番所有権登記名義人氏名変更
原　　　因　　令和何年何月何日氏名変更　　＊１
変更後の事項　氏名　春山弥生
申　請　人　　何市何町何番地
　　　　　　　　春山弥生
添付情報　　　登記原因証明情報
　　　　　　　代理権限証明情報（春山弥生の委任状）
登録免許税　　金1000円　　＊２

＊１　登記原因は、婚姻や離婚等その原因が何であれ、「氏名変更」とする（記録例617）。
＊２　登録免許税は、不動産１個につき金1000円である。

No.2-2 登記名義人の名称の変更の登記（法人）

基本形➡変形

【事例】

法人が、その商号を変更したときの申請情報。

【完了後の登記記録（登記事項一部省略）】

権利部（甲区）（所有権に関する事項）			
順位番号	登記の目的	受付年月日・受付番号	権利者その他の事項
1	所有権保存	令和何年何月何日 第何号	所有者　何市何町何番地 株式会社オートマチック 会社法人等番号　1234-56-789012
付記1号	1番登記名義人名称変更	令和何年何月何日 第何号	原因　令和何年何月何日商号変更 商号　オートマシステム株式会社

【申請情報】

登記の目的　1番所有権登記名義人名称変更
原　　因　令和何年何月何日商号変更　＊1
変更後の事項　商号　オートマシステム株式会社
申 請 人　何市何町何番地
　　オートマシステム株式会社
　　（会社法人等番号　1234-56-789012）
　　代表取締役　山本　一郎
添付情報　登記原因証明情報　＊2
　　会社法人等番号
　　代理権限証明情報（オートマシステム株式会社の代表者の委任状）
登録免許税　金1000円

＊1　登記名義人が会社の場合、登記の目的として「名称変更」、登記原因として「商号変更」と記載する。

＊2　名称の変更を証する登記事項証明書を提供する。なお、会社法人等番号の提供により名称の変更を確認できるときは、これをもって名称の変更を証する情報の提供に代えることができる（不登令別表23添付情報欄、先例平27.10.23-512）。

No.3-1 登記名義人の住所氏名の変更の登記（自然人）

基本形

【事例】

所有権の登記名義人である冬山弥生が、婚姻により氏名を春山弥生に変更し、さらに住所を移転したときの申請情報。

【申請情報】

登記の目的	２番所有権登記名義人住所、氏名変更　＊1
原　　因	令和何年何月何日氏名変更 令和何年何月何日住所移転
変更後の事項	住所　何市何町何番地 氏名　春山弥生
申　請　人	何市何町何番地 春山弥生
添付情報	登記原因証明情報 代理権限証明情報（春山弥生の委任状）
登録免許税	金1000円　＊2

＊1　同一人物の氏名、住所の変更の登記は、一の申請情報で申請することができる（不動産登記規則35条８号）。

＊2　住所及び氏名の変更の登記を一の申請情報で申請したときの登録免許税の詳細は、No.7の参考を参照しよう。

One Point◆ 一括申請

本事例は、登記名義人の住所と氏名の変更登記を、一の申請情報で申請することができます。申請情報は、No.1-1と2-1の合わせ技と思えばよろしいです。

No.3-2 登記名義人の住所氏名の変更の登記（法人）

基本形➡変形

【事例】

所有権の登記名義人である法人が、その商号を変更し、さらに本店を移転したときの申請情報。なお、登記記録には会社法人等番号が登記されていないものとする。

【申請情報】

登記の目的	1番所有権登記名義人住所、名称変更
原　　因	令和何年何月何日本店移転
	令和何年何月何日商号変更
変更後の事項	本店　何市何町何番地
	商号　オートマシステム株式会社
申　請　人	何市何町何番地
	オートマシステム株式会社
	会社法人等番号　1234-56-789012　＊1
	代表取締役　山本　一郎
添付情報	登記原因証明情報　＊2
	会社法人等番号
	代理権限証明情報（オートマシステム株式会社の代表者の委任状）
登録免許税	金1000円　＊3

＊1　会社法人等番号が登記されていないときは、住所等の変更登記の際にこれを登記するため、申請人の名称に続けて会社法人等番号を記載する。これに対し、会社法人等番号が既に登記されているときは、カッコ書で会社法人等番号を記載する（添付情報としての会社法人等番号を意味する）。**No.2-2**と比較しよう。

＊2　住所や名称の変更を証する登記事項証明書を提供する。なお、会社法人等番号の提供により変更の事実を確認できるときは、住所や名称の変更を証する情報の提供に代えることができる（不動産登記令別表23添付情報欄、先例平27.10.23-512）。

＊3　登録免許税の詳細は、**No.7**の参考を参照しよう。

One Point◆ 基本形→変形のコツ

申請情報そのものは、**No.1-3**と**2-2**の合わせ技です。ここまでの繰り返しで、自然人→法人への変形は、もうお手のモノという状態にしておきましょう。

No.4 登記名義人の住所の更正の登記

登記名義人の住所に誤りがあったときの申請情報。

【申請情報】

登記の目的　２番所有権登記名義人住所更正　＊１
原　　因　錯誤　＊２
更正後の事項　本店　何市何町何番地
申　請　人　何市何町何番地
オートマシステム株式会社
（会社法人等番号　1234-56-789012）
代表取締役　山本一郎
添付情報　登記原因証明情報
会社法人等番号
代理権限証明情報（オートマシステム株式会社の代表者の委任状）
登録免許税　金1000円　＊３

＊１　変更か更正かの具体的な判断は、次のページの「ココをチェックしよう」で、きちんと身につけよう。

＊２　登記原因が錯誤であるときは、その日付の記載を要しない（先例昭39.5.21-425）。単に「錯誤」とすれば足りる。

＊３　登録免許税は、不動産１個につき金1000円である。

（別紙１）

登　記　記　録

権　利　部　（甲区）（所　有　権　に　関　す　る　事　項）			
順位番号	登記の目的	受付年月日・受付番号	権利者その他の事項
1	所有権保存	令和何年何月何日 第何号	所有者　何市何町何番地 甲野太郎
2	所有権移転	令和何年12月１日 第何号	原因　令和何年12月１日売買 所有者　何市何町何番地 オートマシステム株式会社 会社法人等番号　1234-56-789012
付記１号	２番登記名義人住所更正	令和何年何月何日 第何号	原因　錯誤 本店　何市何町何番地

One Point◆「変更」か「更正」か

登記名義人の住所等の「変更」か「更正」かは、別紙１と２の赤文字の部分の日付の前後で判断しましょう。このケースのように、住所等の変更の日が登記記録の受付年月日よりも前であるときは、当初から登記に誤りがあったということになるため、登記名義人の住所等の更正の登記を申請します。これに対し、住所等の変更の日が受付年月日よりも後であれば、登記名義人の住所等の変更の登記を申請します。

（別紙２）

履歴事項一部証明書（抜粋）

会社法人等番号	１２３４－５６－７８９０１２	
商　号	オートマシステム株式会社	
本　店	何市何町何番地	
	何市何町何番地	令和何年11月22日移転 令和何年12月10日登記
公告をする方法	官報に掲載してする	
会社成立の年月日	令和何年何月何日	
役員に関する事項	取締役　山本一郎	令和何年何月何日重任 令和何年何月何日登記
	取締役　山本二郎	令和何年何月何日重任 令和何年何月何日登記
	取締役　山本三郎	令和何年何月何日重任 令和何年何月何日登記
	何市何町何番地 代表取締役　山本一郎	令和何年何月何日重任 令和何年何月何日登記

No.5 登記名義人の氏名の更正の登記

登記名義人の氏名に誤りがあったときの申請情報。

【完了後の登記記録】

権利部（甲区）（所有権に関する事項）			
順位番号	登記の目的	受付年月日・受付番号	権利者その他の事項
1	所有権保存	令和何年何月何日 第何号	所有者　何市何町何番地 　　　　冬山弥生
付記1号	1番登記名義人氏名更正	令和何年何月何日 第何号	原因　錯誤 氏名　春山弥生

【申請情報】

登記の目的　1番所有権登記名義人氏名更正
原　　因　錯誤
更正後の事項　氏名　春山弥生
申　請　人　何市何町何番地
　　　　　　春山弥生
添付情報　登記原因証明情報
　　　　　代理権限証明情報（春山弥生の委任状）
登録免許税　金1000円　＊

＊　登録免許税は、不動産1個につき金1000円である。

No.6 登記名義人の住所及び氏名の更正の登記

登記名義人の住所及び氏名に誤りがあったときの申請情報。

【完了後の登記記録】

権利部（甲区）（所有権に関する事項）			
順位番号	登記の目的	受付年月日・受付番号	権利者その他の事項
1	所有権保存	令和何年何月何日 第何号	所有者　何市何町何番地 冬山弥生
付記1号	1番登記名義人住所、氏名更正	令和何年何月何日 第何号	原因　錯誤 氏名住所　何市何町何番地 春山弥生

【申請情報】

登記の目的　1番所有権登記名義人住所、氏名更正
原　　因　錯誤
更正後の事項　住所　何市何町何番地
　　　　　　　氏名　春山弥生
申　請　人　何市何町何番地
　　　　　　　春山弥生
添付情報　登記原因証明情報
　　　　　代理権限証明情報（春山弥生の委任状）
登録免許税　金1000円　＊

＊　本事案の登録免許税の詳細は、No.7の参考を参照しよう。

No.7 登記名義人の住所の変更、氏名の更正の登記

所有権の登記名義人の氏名の記録に錯誤がある場合で、登記名義人が住所を移転したときの申請情報。

【完了後の登記記録】

権利部（甲区）（所有権に関する事項）			
順位番号	登記の目的	受付年月日・受付番号	権利者その他の事項
1	所有権保存	令和何年何月何日 第何号	所有者　何市何町何番地 冬山弥生
付記1号	1番登記名義人住所変更、氏名更正	令和何年何月何日 第何号	原因　令和何年何月何日住所移転、錯誤 氏名住所　何市何町何番地 春山弥生

【申請情報】

登記の目的　1番所有権登記名義人住所変更、氏名更正
原　　因　令和何年何月何日住所移転
　　　　　錯誤
変更更正後の事項　住所　何市何町何番地
　　　　　氏名　春山弥生
申 請 人　何市何町何番地
　　　　　春山弥生
添付情報　登記原因証明情報
　　　　　代理権限証明情報（春山弥生の委任状）
登録免許税　金2000円　＊

＊ 住所の変更と氏名の更正の登記の登録免許税は、不動産1個について金2000円である。

→右ページの参考の図を参照しよう。

参考 登録免許税について

住所及び氏名の変更、または更正の登記を一の申請情報で申請するときの登録免許税は、以下の方式に従えばよい。たとえば、No.7の「住所変更、氏名更正」は、斜めのラインとなるから、不動産１個について金2000円となる。

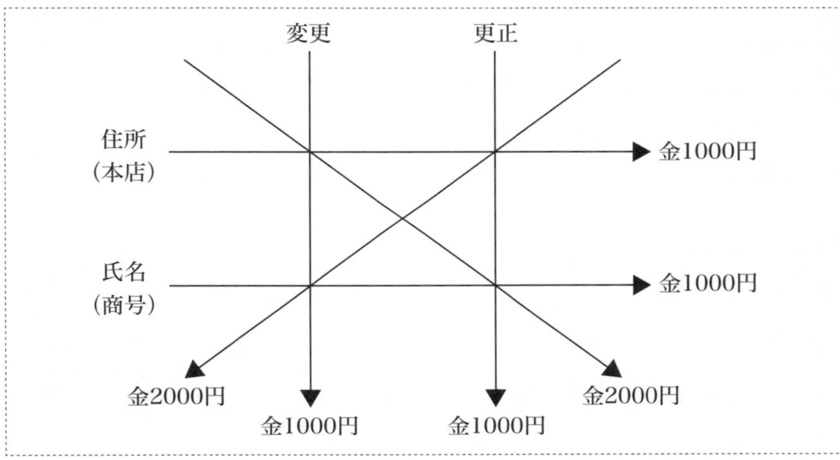

（注）　上記の登録免許税額は、不動産１個についてのものである。

参考 住所の表示に錯誤があり、その後、住所を移転した場合の申請情報

登記の目的	何番所有権登記名義人住所変更　＊
原　　　因	錯誤、年月日住所移転
変更後の事項	住所　何市何町何番地
申　請　人	何市何町何番地 春山弥生
添付情報	登記原因証明情報　　代理権限証明情報
登録免許税	金1000円

＊　登記の目的を「何番所有権登記名義人住所変更」、登記原因を「錯誤、年月日住所移転」とする（先例平28.6.8-386登記記録例631、質疑答研547P146）。

No.8 相続人不存在の場合

【事例】

所有権の登記名義人Ａが死亡したが、Ａには、相続人があることが明らかではなかった。この場合に、相続財産法人名義とする登記名義人の氏名の変更の登記の申請情報。なお、家庭裁判所は、亡Ａの相続財産清算人として、Ｃを選任した。

平２年記述式

【完了後の登記記録】

権　利　部　（甲区）（所　有　権　に　関　す　る　事　項）			
順位番号	登記の目的	受付年月日・受付番号	権利者その他の事項
２	所有権移転	令和何年何月何日 第何号	原因　令和何年何月何日売買 所有者　何市何町何番地 Ａ
付記１号	２番登記名義人氏名変更	令和何年何月何日 第何号	原因　令和何年何月何日相続人不存在 登記名義人　亡Ａ相続財産

One Point◆ 相続人不存在

登記名義人が死亡したが、その相続人が明らかでないときは、相続財産法人名義とする登記名義人の氏名等の変更登記を申請します。

【申請情報】

登記の目的	２番所有権登記名義人氏名変更　＊1
原　　因	令和何年何月何日相続人不存在
変更後の事項	登記名義人　亡A相続財産
申　請　人	何市何町何番地 亡A相続財産清算人　C　＊2
添付情報	登記原因証明情報 代理権限証明情報（相続財産清算人Cの選任審判書及びCの委任状）
登録免許税	金1000円

＊1　死亡時の住所が登記記録上の住所と異なるときは、登記の目的と変更後の事項を、以下のとおり置き換えよう。なお、登記原因の日付は、相続開始の日である。

登記の目的	２番所有権登記名義人住所、氏名変更
原　　因	令和何年何月何日相続人不存在
変更後の事項	登記名義人　何市何町何番地 亡A相続財産

＊2　申請人として、相続財産清算人の住所及び氏名を記載する。

参考

共有者の一人が死亡した場合の申請情報は、次のとおりである。

登記の目的	何番所有権登記名義人氏名変更
原　　因	令和何年何月何日相続人不存在
変更後の事項	共有者Aの登記名義人　亡A相続財産
申　請　人	何市何町何番地 亡A相続財産清算人　C
添付情報	登記原因証明情報　代理権限証明情報
登録免許税	金1000円

第2編

所有権に関する登記

第1章 所有権の保存の登記

No.1-1 所有権保存（不動産登記法74条１項１号前段）

基本形

【事例】
表題部所有者のＡ名義でする所有権の保存の登記の申請情報。

〈令２年記述式〉

【完了後の登記記録】

表　題　部　（主である建物の表示）			不動産番号	0000000000000
所在図番号	余白			
所　　在	何市何町一丁目１番地１		余白	
家屋番号	１番１		余白	
①　種　類	②　構　　造	③　床　面　積　㎡	原因及びその日付〔登記の日付〕	
居　宅	鉄骨鉄筋コンクリート造２階建	１階　85　00 ２階　85　00	令和何年何月何日新築 〔令和何年何月何日〕	
所　有　者	何市何町何番地　Ａ			

＊　表題部所有者とは、表題部に「所有者」として記録されている者をいう。

権　利　部　（甲区）（所　有　権　に　関　す　る　事　項）			
順位番号	登記の目的	受付年月日・受付番号	権利者その他の事項
1	所有権保存	令和何年何月何日 第何号	所有者　何市何町何番地 Ａ

One Point◆ 所有権の保存の登記

この登記は、権利に関する登記のうち、最初に申請する登記です。登記記録に表題部しか設けられていないときは、まず、所有権の保存の登記を申請しましょう。近年の記述式試験では、平成18年、令和２年と令和４年に出題されています。

【申請情報】

登記の目的	所有権保存
所　有　者	何市何町何番地　＊１ A
添付情報	住所証明情報（Aの住民票の写し）　＊２ 代理権限証明情報（Aの委任状）
令和何年何月何日法74条1項1号申請	
課税価格	金1000万円
登録免許税	金４万円　＊３

＊１　所有権の保存の登記は、表題部所有者が単独で申請することができる。なお、表題部所有者が「持分２分の１　A　持分２分の１　B」であるときは、申請人の部分を、次のように置き換えよう。

所　有　者　何市何町何番地
持分２分の１　A
何市何町何番地
２分の１　B

この場合、AまたはBが、共有物の保存行為として、共有者全員の名義で所有権の保存の登記を申請することもできる（民法252条５項）。

＊２　不動産登記法74条１項による所有権の保存の登記には登記原因がないから、登記原因証明情報の提供を要しない（不動産登記令７条３項２号）。

＊３　所有権の保存の登記の登録免許税は、不動産価額に1000分の４を乗じた額である。

No.1-2 所有権保存（相続人による登記）

基本形➡変形

【事例】

表題部所有者のＡ名義でする所有権の保存の登記の申請情報。ただし、Ａは、登記を申請する前に死亡しており、Ａの相続人は、妻のＢ及び子のＣのみであるものとする。

【完了後の登記記録】

表　題　部　（主である建物の表示）			不動産番号	0000000000000
所在図番号	余白			
所　　在	何市何町一丁目１番地１		余白	
家屋番号	１番１		余白	
①　種　類	②　構　造	③　床　面　積　㎡	原因及びその日付〔登記の日付〕	
居　宅	鉄骨鉄筋コンクリート造２階建	１階　85　00 ２階　85　00	令和何年何月何日新築 〔令和何年何月何日〕	
所　有　者	何市何町何番地　Ａ			

権　利　部（甲区）（所　有　権　に　関　す　る　事　項）			
順位番号	登記の目的	受付年月日・受付番号	権利者その他の事項
１	所有権保存	令和何年何月何日 第何号	所有者　何市何町何番地 Ａ

One Point◆ 基本形→変形のコツ

亡Ａの代わりに相続人が申請するのが、相続人による登記の仕組みです。完了後の登記記録は、No.1-1と変わらないことを確認しながら申請情報を書いてみましょう。

【申請情報】

登記の目的	所有権保存
所　有　者	何市何町何番地
	（亡）　A
	何市何町何番地　　＊1
	上記相続人　B
	何市何町何番地
	上記相続人　C
添付情報	住所証明情報（Aの住民票の除票の写し）
	相続を証する情報（Aの戸籍全部事項証明書等）　＊2
	代理権限証明情報（B及びCの委任状）
令和何年何月何日法74条1項1号申請	
課税価格	金1000万円
登録免許税	金４万円

＊1　共有物の保存行為として、BまたはCの一方が申請することもできる（民法252条５項）。

＊2　B、Cが相続人であることを証するために、相続を証する情報を提供する（不動産登記令７条１項５号イ）。

No.1-3 所有権保存
(不動産登記法74条１項１号後段)

基本形➡変形

【事例】

表題部所有者Ａが死亡し、その相続人は、妻のＢ及び子のＣのみである。この場合に、相続人の名義でする所有権の保存の登記の申請情報。

〈平18年記述式〉

【完了後の登記記録】

表　題　部　（主である建物の表示）				不動産番号	0000000000000
所在図番号	余白				
所　　在	何市何町一丁目１番地１			余白	
家屋番号	１番１			余白	
①　種　類	②　構　　造	③　床　面　積　㎡		原因及びその日付〔登記の日付〕	
居　宅	鉄骨鉄筋コンクリート造２階建	１階　85 ２階　85	00 00	令和何年何月何日新築 〔令和何年何月何日〕	
所　有　者	何市何町何番地　Ａ				

権　利　部　（甲区）　（所　有　権　に　関　す　る　事　項）			
順位番号	登記の目的	受付年月日・受付番号	権利者その他の事項
１	所有権保存	令和何年何月何日 第何号	共有者 何市何町何番地 持分２分の１　Ｂ 何市何町何番地 ２分の１　Ｃ

One Point ◆ 基本形→変形のコツ

表題部所有者の相続人は、不動産登記法74条１項１号後段により、直接、相続人名義とする所有権の保存登記を申請することができます。No.1-2との違いを意識しながら、申請情報を書いてみましょう。

【申請情報】

登記の目的	所有権保存
所　有　者（被相続人　A）	
	何市何町何番地
（申請人）持分２分の１　B　＊1	
	何市何町何番地
	２分の１　C
添付情報	住所証明情報（B及びCの住民票の写し）
	相続を証する情報（Aの戸籍全部事項証明書等）　＊2
	代理権限証明情報（Bの委任状）
令和何年何月何日法74条1項1号申請	
課税価格	金1000万円
登録免許税	金４万円

＊1　本事例も、No.1-1やNo.1-2と同様、共有物の保存行為として、BまたはCの一方から申請することができる（民法252条５項）。上記は、Bのみからの申請によるケースである。

＊2　相続を証する情報は、B及びCの申請人適格を証するために添付を要する（不動産登記令３条13号、別表28添付情報欄イ）。

先例

① 表題部所有者であるA・Bがともに死亡し、CがAを相続し、DがBを相続したときは、相続人は、⑴A・B、⑵A・D（またはB・C）、⑶C・Dのいずれの名義でも、所有権保存登記を申請することができる（先例昭36.9.18-2323）。

② 表題部所有者が死亡し、その相続人が所有権の保存の登記を申請する前にさらに死亡したときは、直接、現在の相続人の名義で所有権保存登記を申請することができる（質疑登研443P93）。

No.2-1 所有権保存（表題部所有者が法人の場合）

基本形

【事例】

表題部所有者であるA株式会社（代表取締役X）の名義でする所有権の保存の登記の申請情報。

【完了後の登記記録】

表　題　部	（主である建物の表示）		不動産番号	0000000000000
所在図番号	余白			
所　　在	何市何町一丁目１番地１		余白	
家屋番号	１番１		余白	
①　種　類	②　構　　造	③　床　面　積　㎡	原因及びその日付〔登記の日付〕	
居　宅	鉄骨鉄筋コンクリート造２階建	１階　85 00 ２階　85 00	令和何年何月何日新築 〔令和何年何月何日〕	
所　有　者	何市何町何番地　A株式会社			

権　利　部　（甲区）（所　有　権　に　関　す　る　事　項）			
順位番号	登記の目的	受付年月日・受付番号	権利者その他の事項
1	所有権保存	令和何年何月何日 第何号	所有者　何市何町何番地 A株式会社 会社法人等番号　1234-56-789012

One Point ◆ 基本形

本事例は、当事者が法人である場合の基本形です。自然人を法人に置き換えた場合に、どう変わるかを確認しながら申請情報を書いてみましょう。

【申請情報】

登記の目的　所有権保存
所　有　者　何市何町何番地
　　A株式会社
　　会社法人等番号　1234-56-789012　＊1
　　　代表取締役　X
添付情報　住所証明情報　＊2
　　会社法人等番号　＊3
　　代理権限証明情報（A株式会社の代表者の委任状）
令和何年何月何日法74条1項1号申請
課税価格　金1000万円
登録免許税　金4万円

＊1　会社法人等番号を有する法人が所有権の登記名義人となるときは、申請人の名称に続けて、会社法人等番号を記載する。

＊2　会社法人等番号を提供したときは、住所証明情報の提供を要しない（不動産登記令9条、不動産登記規則36条4項、先例平27.10.23-512）。ただし、その場合でも、申請情報には、住所証明情報と記載する。

＊3　申請人が会社法人等番号を有する法人であるときは、添付情報として、会社法人等番号を提供する（不動産登記令7条1項1号イ）。

参考 登記事項証明書を提供して申請する場合の申請情報

登記の目的　所有権保存
所　有　者　何市何町何番地
　　A株式会社
　　　代表取締役　X
添付情報　住所証明情報　登記事項証明書　代理権限証明情報

（注）住所証明情報として、A株式会社の登記事項証明書を提供する。

No.2-2 所有権保存
(不動産登記法74条１項１号後段　法人の場合)

基本形➡変形

【事例】

吸収合併存続会社の株式会社Ｂ（代表取締役Ｙ）の名義でする、所有権の保存の登記の申請情報。

【完了後の登記記録】

表　題　部　（主である建物の表示）				不動産番号	0000000000000
所在図番号	余白				
所　　在	何市何町一丁目１番地１			余白	
家屋番号	１番１			余白	
①　種　類	②　構　　造	③　床　面　積　㎡		原因及びその日付〔登記の日付〕	
居　宅	鉄骨鉄筋コンクリート造２階建	１階　　85	00	令和何年何月何日新築 〔令和何年何月何日〕	
		２階　　85	00		
所　有　者	何市何町何番地　Ａ株式会社				

権　利　部　（甲区）（所　有　権　に　関　す　る　事　項）			
順位番号	登記の目的	受付年月日・受付番号	権利者その他の事項
1	所有権保存	令和何年何月何日 第何号	所有者　何市何町何番地 株式会社Ｂ 会社法人等番号　1234-56-789000

One Point◆ 基本形→変形のコツ

コツとしては、自然人の相続を、合併に置き換えていけばよろしいです。そして、法人特有の申請情報の内容や添付情報を付け加えていきましょう。

【申請情報】

登記の目的	所有権保存
所　有　者	（被合併会社　A株式会社）
	何市何町何番地
	株式会社B
	会社法人等番号　1234-56-789000
	代表取締役　Y
添付情報	住所証明情報
	合併を証する情報　＊
	会社法人等番号
	代理権限証明情報（株式会社Bの代表者の委任状）
令和何年何月何日法74条1項1号申請	
課税価格	金1000万円
登録免許税	金4万円

＊　存続会社の会社法人等番号の提供により合併の事実を確認できるときは、これをもって合併を証する情報（登記事項証明書）の提供に代えることができる（不動産登記令別表28添付情報欄イ、先例平27.10.23-512）。

先例

会社分割における分割会社が表題部所有者である場合、承継会社（設立会社）の名義で所有権の保存の登記を申請することはできない（質疑答研659P175）。

→この場合、分割会社の名義で所有権の保存の登記をした後、「会社分割」を登記原因として、承継会社への所有権の移転の登記を申請すべきこととなる。

No.3 所有権保存
（不動産登記法74条１項２号）

【事例】

「本件建物につき、Ｂが所有権を有することを確認する」との確定判決を得たＢが、自己名義でする所有権の保存の登記の申請情報。

【完了後の登記記録】

表　題　部　（主である建物の表示）			不動産番号	0000000000000
所在図番号	余白			
所　　在	何市何町一丁目１番地１		余白	
家屋番号	１番１		余白	
①　種　類	②　構　　造	③　床　面　積　㎡	原因及びその日付〔登記の日付〕	
居　宅	鉄骨鉄筋コンクリート造２階建	１階　85 00 ２階　85 00	令和何年何月何日新築 〔令和何年何月何日〕	
所　有　者	何市何町何番地　Ａ			

権　利　部　（甲区）（所　有　権　に　関　す　る　事　項）			
順位番号	登記の目的	受付年月日・受付番号	権利者その他の事項
１	所有権保存	令和何年何月何日 第何号	所有者　何市何町何番地 Ｂ

One Point◆ 不動産登記法74条１項２号

この事例の急所は、添付情報です。また、不動産登記法74条１項２号の判決は、確定判決であることを要するので、確定証明書を忘れないようにしましょう。

【申請情報】

登記の目的	所有権保存
所　有　者	何市何町何番地 B
添付情報	住所証明情報（Bの住民票の写し） 判決書正本及び確定証明書　＊ 代理権限証明情報（Bの委任状）
令和何年何月何日法74条1項2号申請	
課税価格	金1000万円
登録免許税	金４万円

＊　添付情報として、判決書正本及び確定証明書を提供する。なお、この場合の判決は、原告の所有権を確認する確認判決のほか、所有権の移転の登記手続を命じる給付判決でもよい（大判大15.6.23、質疑登研140P44）。また、判決理由中において、Ｂが所有者であると判断された場合でも、上記の申請をすることができる。

先例

所有権を有することを確定判決により確認された者の名義で所有権の保存の登記を申請する場合、その判決は、表題部所有者の全員（またはその相続人の全員）を被告としたものであることを要する（先例平10.3.20-552）。

No.4 所有権保存
（不動産登記法74条２項保存　敷地権付き区分建物）

【事例】

表題部所有者から敷地権付き区分建物を買い受けたAが、直接自己名義の所有権保存登記を申請するときの申請情報。なお、建物の価額は金1000万円、敷地権の目的である土地の価額は金１億円である。

【完了後の登記記録（一部省略）】

表題部（専有部分の建物の表示）				不動産番号	0000000000000
家屋番号	何町一丁目123番４の101			余白	
建物の名称	101			余白	
①種類	②構造	③床面積㎡		原因及びその日付〔登記の日付〕	
居宅	鉄骨鉄筋コンクリート造1階建	２階部分 68	45	令和何年何月何日新築 〔令和何年何月何日〕	
表題部（敷地権の表示）					
①土地の符号	②敷地権の種類	③敷地権の割合		原因及びその日付〔登記の日付〕	
1	所有権	100分の1		令和何年何月何日　敷地権 〔令和何年何月何日〕	
所有者	何市何町何番地　株式会社甲建設				

権利部（甲区）（所有権に関する事項）			
順位番号	登記の目的	受付年月日・受付番号	権利者その他の事項
1	所有権保存	令和何年何月何日 第何号	原因　令和何年何月何日売買 所有者　何市何町何番地 A

One Point◆ 不動産登記法74条２項保存

敷地権付き区分建物では、①敷地権の種類と、②敷地権の割合を確認しましょう。①は、その種類が賃借権であるときに、賃借権の譲渡に関する賃貸人の承諾書の要否に関連します。②は、登録免許税の計算に関係します。本事例では、「敷地権の課税価格」は、土地の価額金１億円×敷地権割合100分の１＝金100万円となります。

【申請情報】

登記の目的	所有権保存
原　　　因	令和何年何月何日売買　＊1
所　有　者	何市何町何番地 A
添付情報	登記原因証明情報　＊1 住所証明情報（Aの住民票の写し） 承諾を証する情報（株式会社甲建設の承諾書）　＊2 代理権限証明情報（Aの委任状）
令和何年何月何日法74条2項申請	
課税価格	金1100万円 建　物　金1000万円 敷地権　金100万円
登録免許税	金6万円　＊3 建　物　金4万円 敷地権　金2万円
不動産の表示	
一棟の建物の表示	（記載省略）
専有部分の建物の表示	（記載省略）
敷地権の表示	（記載省略）　＊4

＊1　敷地権付き区分建物について、不動産登記法74条2項により転得者の名義で所有権の保存の登記を申請するときは、登記原因及びその日付の記載を要する。このため、添付情報として、登記原因証明情報の提供を要する（不動産登記令7条3項2号カッコ書）。

＊2　敷地権の移転に関する敷地権の登記名義人の承諾を証する情報を提供する。

＊3　登録免許税の税率は、以下のとおりである。建物と敷地権で相違する。

建　物　保存の税率　4/1000

敷地権　敷地権の種類が所有権のとき　20/1000

敷地権の種類が地上権、賃借権のとき　10/1000

＊4　敷地権付き区分建物について不動産登記法74条2項による所有権の保存の登記を申請するときは、不動産の表示として、敷地権の表示を提供する（不動産登記令3条11号へ）。

No.5 所有権保存登記の抹消

【事例】

A名義の所有権の保存の登記を、錯誤を原因として抹消するときの申請情報。

【完了後の登記記録（一部省略）】

権利部（甲区）（所有権に関する事項）			
順位番号	登記の目的	受付年月日・受付番号	権利者その他の事項
1	所有権保存	令和何年何月何日 第何号	所有者　何市何町何番地 A
2	1番所有権抹消	令和何年何月何日 第何号	原因　錯誤

権利部（乙区）（所有権以外の権利に関する事項）			
順位番号	登記の目的	受付年月日・受付番号	権利者その他の事項
1	抵当権設定	令和何年何月何日 第何号	原因　令和何年何月何日金銭消費貸借 同日設定 抵当権者　B
2	1番抵当権抹消	余白	甲区1番所有権抹消により令和何年何月何日登記

One Point◆ 所有権の保存の登記の抹消

本事例の急所は、添付情報に尽きるといってよいでしょう。所有権の移転の登記がない場合の所有権の登記の抹消（所有権の保存の登記の抹消）は単独申請ですが、それにもかかわらず、登記識別情報の提供を要する点に注意しましょう。

【申請情報】

登記の目的	1番所有権抹消
原　　因	錯誤
申 請 人	何市何町何番地 A
添付情報	登記原因証明情報 登記識別情報（Aの登記識別情報）　＊1 印鑑証明書（Aの印鑑証明書）　＊1 承諾を証する情報（Bの承諾書）　＊2 代理権限証明情報（Aの委任状）
登録免許税	金1000円　＊3

＊1　登記識別情報及び印鑑証明書の提供を要する（不動産登記令8条1項5号）。

＊2　抵当権者等、登記上の利害関係人がいるときは、その者の承諾を証する情報の提供を要する（不動産登記法68条）。

＊3　権利の抹消登記の登録免許税は、不動産1個につき金1000円である。

先例

① 表題部所有者の名義で所有権の保存の登記をした後、その所有権の保存の登記を抹消したときは、登記記録は閉鎖される（先例昭36.9.2-2163）。

② 次の場合は、所有権の保存の登記を抹消したときでも、登記記録を閉鎖することなく、登記官が職権で表題部の所有者の記録を回復する（先例昭59.2.25-1085）。

1　表題部所有者の相続人の名義で所有権の保存の登記をした場合

2　区分建物について転得者の名義で所有権の保存の登記をした場合

参考 単独申請と登記識別情報

単独申請にもかかわらず登記識別情報の提供を要するのは、次の3つのケースである。よく確認しておこう。

1．所有権保存登記の抹消

2．仮登記の登記名義人がする仮登記の抹消

3．自己信託による変更登記

第2章　所有権の移転の登記（相続以外）

No.6-1　所有権移転（売買）

基本形

【事例】

ＡＢ間で不動産の売買契約が成立したことによる所有権の移転の登記の申請情報。

【完了後の登記記録】

権　利　部　（甲区）（所　有　権　に　関　す　る　事　項）			
順位番号	登記の目的	受付年月日・受付番号	権利者その他の事項
1	所有権保存	令和何年何月何日 第何号	所有者　何市何町何番地 A
2	所有権移転	令和何年何月何日 第何号	原因　令和何年何月何日売買 所有者　何市何町何番地 B

One Point◆ 基本形

不動産登記は共同申請が原則であり、本事例が、まさに不動産登記の申請情報のすべての基本形といってもよいでしょう。基礎が何より大切ですから、この基本形を条件反射的に書けるまで、何度も素振りを繰り返してください。

【申請情報】

登記の目的　所有権移転
原　　　因　令和何年何月何日売買　＊1
権 利 者　何市何町何番地
　　　　　　B　＊2
義 務 者　何市何町何番地
　　　　　　A
添付情報　登記原因証明情報
　　　　　登記識別情報（Aの登記識別情報）
　　　　　住所証明情報（Bの住民票の写し）
　　　　　印鑑証明書（Aの印鑑証明書）
　　　　　代理権限証明情報（B及びAの委任状）
課税価格　金1000万円
登録免許税　金20万円　＊3

＊1　登記原因の日付は、原則として、売買契約成立の日である。所有権の移転の時期に関する特約があるときは、それに従う。たとえば、「売買代金完済の時に、所有権が移転する」という特約があるときは、登記原因の日付は、売買代金を完済した日となる（質疑登研446P121）。

＊2　登記権利者が複数のときは、それぞれの持分を記載する（不動産登記令3条9号）。

権利者　何市何町何番地
　　　　持分2分の1　B
　　　　何市何町何番地
　　　　　2分の1　C

＊3　登録免許税の額は、不動産価額（課税標準の金額）に1000分の20を乗じた額である。なお、売買代金の額が課税価格となるのではナイことに注意しよう。

No.6-1-1

【申請情報】　申請人が法人である場合

登記の目的　所有権移転
原　　　因　令和何年何月何日売買
権　利　者　何市何町何番地
　　　　　　　A株式会社
　　　　　　　会社法人等番号　1234-56-789012　＊1
　　　　　　　　代表取締役　X
義　務　者　何市何町何番地
　　　　　　　B株式会社
　　　　　　　(会社法人等番号　1234-56-789000)　＊2
　　　　　　　　代表取締役　Y
添付情報　　登記原因証明情報
　　　　　　登記識別情報
　　　　　　住所証明情報　＊3
　　　　　　会社法人等番号　＊4
　　　　　　印鑑証明書　＊5
　　　　　　代理権限証明情報
課税価格　　金1000万円
登録免許税　金20万円

＊1　会社法人等番号を有する法人が所有権の登記名義人となるときは、会社法人等番号が登記事項となる。このため、登記権利者であるA株式会社の会社法人等番号を、その名称に続けて記載する。

＊2　登記義務者のB株式会社は、カッコ書で会社法人等番号を記載する。これは、会社法人等番号が登記事項となるA株式会社と相違して、添付情報としての会社法人等番号を意味する（先例平27.10.23-512）。

＊3　A社の会社法人等番号を提供したときは、A社の住所を証する情報の提供を要しない（不動産登記令9条、不動産登記令別表30添付情報欄ロ、不動産登記規則36条4項）。ただし、添付情報欄には、住所証明情報と記載する。

＊4　申請人が会社法人等番号を有する法人であるときは、添付情報として、会社法人等番号を提供する（不動産登記令7条1項1号イ）。

＊5　登記義務者であるB社の会社法人等番号を申請情報の内容とした場合で、かつ、登記の申請を受けた登記所の登記官がB社の代表者の印鑑証明書を作成することができるときは、B社の代表者の印鑑証明書の添付を要しない（不動産登記規則48条1号、先例令2.3.30-318）。この場合、添付情報には、以下のとおり記載する。

印鑑証明書（会社法人等番号　1234-56-789000）

【申請情報】　登記事項証明書を提供して申請する場合

登記の目的　所有権移転
原　　　因　令和何年何月何日売買
権　利　者　何市何町何番地
　　　　　　　A株式会社
　　　　　　　会社法人等番号　1234-56-789012
　　　　　　　　代表取締役　X
義　務　者　何市何町何番地
　　　　　　　B株式会社
　　　　　　　　代表取締役　Y
添付情報　　登記原因証明情報
　　　　　　登記識別情報
　　　　　　住所証明情報
　　　　　　登記事項証明書　　＊
　　　　　　印鑑証明書
　　　　　　代理権限証明情報
課税価格　　金1000万円
登録免許税　金20万円

＊　申請人が会社法人等番号を有する法人であっても、作成後3か月以内の登記事項証明書を添付して申請することができる（不動産登記令7条1項1号、不動産登記規則36条1項、2項）。この場合、B株式会社については、申請人の欄に会社法人等番号の記載を要しない。

One Point◆ 登記義務者と印鑑証明書

本試験の記述式問題では、法令の規定により添付を省略できる情報であっても、これを添付するものとして、答案に記載することを求められます。このため、本書においては、登記義務者が会社法人等番号を有する法人であり、会社法人等番号を提供して申請する事案であっても、原則どおり、印鑑証明書を添付して申請するものとします。

No.6-2 所有権移転
（相続人による登記　～登記権利者死亡の場合）

基本形➡変形

【事例】

ＡＢ間で売買契約が成立したが、Ａ→Ｂへの所有権の移転の登記を申請する前に、買主Ｂが死亡したときの申請情報。なお、Ｂの相続人は、妻のＣ及び子のＤのみであり、そのうちの一方が保存行為として登記を申請できるときは、Ｃが申請するものとする。

【完了後の登記記録】

権利部（甲区）（所有権に関する事項）			
順位番号	登記の目的	受付年月日・受付番号	権利者その他の事項
1	所有権保存	令和何年何月何日 第何号	所有者　何市何町何番地 Ａ
2	所有権移転	令和何年何月何日 第何号	原因　令和何年何月何日売買 所有者　何市何町何番地 Ｂ

One Point◆ 基本形→変形のコツ

ここからは、基本形のうち、申請人の部分に変形が加わるケースを、いくつかセットで学習していきましょう。まずは、売買契約の当事者に相続が開始したケースです。なお、本来の当事者以外の者が申請するときは、添付情報として、その申請権限を証する情報を提供することを要します。その点にも注意しながら、申請情報を書いてみましょう。

【申請情報】

登記の目的　所有権移転
原　　　因　令和何年何月何日売買　　＊1
権　利　者　何市何町何番地
　　　　　　　（亡）　B
　　　　　　何市何町何番地
　　　　　　上記相続人　C　　＊2
義　務　者　何市何町何番地
　　　　　　　　A
添付情報　登記原因証明情報
　　　　　登記識別情報（Aの登記識別情報）
　　　　　住所証明情報（Bの住民票の除票の写し）
　　　　　相続を証する情報（Bの戸籍全部事項証明書等）　＊3
　　　　　印鑑証明書（Aの印鑑証明書）
　　　　　代理権限証明情報（C及びAの委任状）
課税価格　金1000万円
登録免許税　金20万円　＊4

＊1　登記原因は、売買である。日付は、AB間の売買契約の日（所有権の移転時期に関する特約があるときは、その日）を記載する。

＊2　登記権利者に相続が開始したケースでは、共有物の保存行為として、共同相続人のうちの1人から申請することもできる（民法252条5項）。

＊3　Cが「Bの相続人に間違いありません」ということを証明するために、相続を証する情報を提供する（不動産登記令7条1項5号イ）。

＊4　登録免許税の額は、不動産価額に1000分の20を乗じた額である。

先例

AからBへの所有権の移転の登記を申請する前にBが死亡したため、Bの相続人がBに代わって登記を申請し、その登記が完了したときは、登記識別情報は相続人に通知される（先例平18.2.28-523）。

No.6-3 所有権移転（相続人による登記　～登記義務者死亡の場合）

基本形➡変形

【事例】

ＡＢ間で売買契約が成立したが、Ａ→Ｂへの所有権の移転の登記を申請する前に、売主Ａが死亡したときの申請情報。なお、Ａの相続人は、妻のＥ及び子のＦのみであり、そのうちの一方が共有物の保存行為として登記を申請できるときは、Ｅが申請するものとする。

【完了後の登記記録】

権　利　部　（甲区）（所　有　権　に　関　す　る　事　項）			
順位番号	登記の目的	受付年月日・受付番号	権利者その他の事項
1	所有権保存	令和何年何月何日 第何号	所有者　何市何町何番地 Ａ
2	所有権移転	令和何年何月何日 第何号	原因　令和何年何月何日売買 所有者　何市何町何番地 Ｂ

One Point◆ 基本形→変形のコツ

本事案の急所は、登記義務者の共同相続人の全員が申請しなければならないことです。また、申請人の記載が、登記権利者死亡のケースと相違する点にも注意を要します。No.6-2とよく比較しましょう。

【申請情報】

登記の目的	所有権移転
原　　　因	令和何年何月何日売買
権　利　者	何市何町何番地 B
義　務　者	何市何町何番地　　＊1 亡A相続人　E 何市何町何番地 亡A相続人　F
添付情報	登記原因証明情報 登記識別情報（Aの登記識別情報） 住所証明情報（Bの住民票の写し） 相続を証する情報（Aの戸籍全部事項証明書等） 印鑑証明書（E及びFの印鑑証明書）　＊2 代理権限証明情報（B、E及びFの委任状）
課税価格	金1000万円
登録免許税	金20万円

＊1　登記義務者の相続人が登記義務者に代わって登記を申請する場合において、相続人が数人いるときは、その全員が申請人となることを要する（先例昭27.8.23-74）。

＊2　申請人となる相続人の作成後3か月以内の印鑑証明書を提供する（不動産登記令18条2項・3項）。

先例

① 登記義務者の相続人が数人いる場合、相続人間の遺産分割協議によって、登記義務者となる者を定めることはできない（先例昭34.9.15-2067）。

② 登記義務者の相続人が登記を申請する場合、特別受益者に当たる相続人も、申請人となることを要する（質疑登研265P70）。

No.6-4 所有権移転
(判決による登記)

基本形➡変形

【事例】

買主Bが、売主Aに対し「令和何年何月何日売買を原因とする所有権移転登記手続をせよ」との確定判決を得て、単独で所有権の移転の登記を申請するときの申請情報。

【完了後の登記記録】

権　利　部　(甲区)　(所　有　権　に　関　す　る　事　項)			
順位番号	登記の目的	受付年月日・受付番号	権利者その他の事項
1	所有権保存	令和何年何月何日 第何号	所有者　何市何町何番地 A
2	所有権移転	令和何年何月何日 第何号	原因　令和何年何月何日売買 所有者　何市何町何番地 B

One Point◆ 基本形→変形のコツ

通常、登記手続を求める裁判は、登記義務者を被告とします。そして、被告の登記申請意思を擬制するのが、判決による登記の仕組みですから、登記義務者側の添付情報が不要となります。その点を念頭に置いて、登記義務者側の添付情報を、基本形からマイナスしましょう。

【申請情報】

登記の目的	所有権移転
原　　　因	令和何年何月何日売買
権　利　者	何市何町何番地
(申請人)	B
義　務　者	何市何町何番地
	A
添付情報	登記原因証明情報(判決書正本及び確定証明書)　＊1
	住所証明情報(Bの住民票の写し)
	代理権限証明情報(Bの委任状)
課税価格	金1000万円
登録免許税	金20万円　＊2

＊1　登記原因証明情報として、判決書正本と確定証明書を提供する(不動産登記令7条1項5号(1))。

＊2　登録免許税の額は、不動産価額に1000分の20を乗じた額である。

先例

① 登記手続を命じる確定判決の正本に記載された原告の表記が「代替住所A、代替氏名A」となっている場合において、申請情報に登記権利者として代替住所、代替氏名が記載されているときは、その申請は却下される(先例令5.2.13-275)。
→匿名のまま登記をすることはできない。

② ①の場合、添付情報として、判決書正本に記載された当事者と、申請情報に記載された申請人が同一人であることを証する裁判所書記官作成の情報(秘匿事項届出書面の記載内容を証明するもの)を提供して、判決に基づく登記を申請することができる(先例令5.2.13-275)。

No.6-5 所有権移転（債権者代位による登記）

基本形➡変形

【事例】

令和何年何月何日、ＡＢ間でＡ所有の不動産を売却する契約が成立した。買主Ｂに対して金銭債権を有する債権者Ｃが、Ａ→Ｂへの所有権の移転の登記を、Ｂに代位して申請するときの申請情報。

【完了後の登記記録】

権　利　部（甲区）（所　有　権　に　関　す　る　事　項）			
順位番号	登記の目的	受付年月日・受付番号	権利者その他の事項
1	所有権保存	令和何年何月何日 第何号	所有者　何市何町何番地 A
2	所有権移転	令和何年何月何日 第何号	原因　令和何年何月何日売買 所有者　何市何町何番地 B 代位者　何市何町何番地 C 代位原因　令和何年何月何日金銭消費貸借の強制執行

One Point◆ 基本形→変形のコツ

代位による登記の申請情報を書くときは、誰に代位するかを特定した後、代位者と代位原因をプラスします。また、代位原因を証する情報をプラスすることを忘れないように気をつけましょう。

【申請情報】

登記の目的　所有権移転
原　　　因　令和何年何月何日売買
権　利　者　何市何町何番地
　　（被代位者）B　　＊1
代　位　者　何市何町何番地
　　　　　　C
代位原因　令和何年何月何日金銭消費貸借の強制執行　＊2
義　務　者　何市何町何番地
　　　　　　A
添付情報　登記原因証明情報
　　　　　登記識別情報（Aの登記識別情報）
　　　　　住所証明情報（Bの住民票の写し）
　　　　　代位原因を証する情報（金銭消費貸借契約書等）
　　　　　印鑑証明書（Aの印鑑証明書）
　　　　　代理権限証明情報（C及びAの委任状）
課税価格　金1000万円
登録免許税　金20万円

＊1　被代位者の住所と氏名のほか、代位者の住所氏名、代位原因を記載する（不動産登記令3条4号）。なお、この登記が完了しても、登記名義人となるBまたは申請人のCのいずれに対しても、登記識別情報は通知されない（不動産登記法21条参照）。

＊2　代位原因に関しては、以下の代表的なものを覚えておこう。

①　令和何年何月何日売買（贈与など）の所有権移転登記請求権
②　令和何年何月何日金銭消費貸借の強制執行
③　令和何年何月何日設定の抵当権設定登記請求権
④　令和何年何月何日設定の抵当権の実行による競売（平19記述式）
⑤　令和何年何月何日設定の抵当権に基づく物上代位

No.7-1 所有権移転（仮登記）

基本形➡変形

【事例】

ＡＢ間で不動産の売買契約が成立したが、本登記をすることができないため、所有権の移転の仮登記を共同で申請するときの申請情報。

【完了後の登記記録】

権利部（甲区）（所有権に関する事項）			
順位番号	登記の目的	受付年月日・受付番号	権利者その他の事項
1	所有権保存	令和何年何月何日 第何号	所有者　何市何町何番地 A
2	所有権移転仮登記	令和何年何月何日 第何号	原因　令和何年何月何日売買 権利者　何市何町何番地 B
	余白	余白	余白

One Point◆ 基本形→変形のコツ

次に、本登記（基本形　No.6-1）の手前の段階の仮登記を学習しましょう。仮登記には、1号仮登記と2号仮登記がありますが、記述式対策としては、1号仮登記の申請情報を学習しておけば必要十分でしょう。仮登記の段階では、通常の本登記と比べて、添付情報が少ない点に注目です。

【申請情報】

登記の目的　所有権移転仮登記
原　　　因　令和何年何月何日売買
権　利　者　何市何町何番地　＊1
　　　　　　　　B
義　務　者　何市何町何番地
　　　　　　　　A
添付情報　　登記原因証明情報　＊2
　　　　　　印鑑証明書（Aの印鑑証明書）
　　　　　　代理権限証明情報（B及びAの委任状）
課税価格　　金1000万円
登録免許税　金10万円　＊3

＊1　以下の場合、仮登記権利者のBが、単独で申請できる（不動産登記法107条1項）。
　1　仮登記の登記義務者の承諾がある場合
　2　仮登記を命ずる処分があるとき

＊2　仮登記を共同で申請する場合であっても、登記義務者の登記識別情報の提供を要しない（不動産登記法107条2項、先例昭39.3.3-291）。

＊3　所有権の移転など、不動産の価額を課税標準とする登記の仮登記の登録免許税は、不動産価額に本登記の税率の2分の1を乗じた額となる。たとえば、売買による所有権の移転の仮登記を申請する場合の登録免許税は、不動産価額に本登記の税率（1000分の20）の2分の1である1000分の10を乗じた額となる。

参考　仮登記権利者が仮登記義務者の承諾書を提供して単独で申請する場合の申請情報

登記の目的　所有権移転仮登記
原　　　因　令和何年何月何日売買
権　利　者　何市何町何番地
　（申請人）　B
義　務　者　何市何町何番地
　　　　　　　A
添付情報　　登記原因証明情報　承諾を証する情報＊　代理権限証明情報

＊　承諾を証する情報の一部として、Aの印鑑証明書の添付を要する。この印鑑証明書には作成期限の定めがナイ。上記の共同申請の場合に添付するAの印鑑証明書が、作成後3か月以内のものであることと比較しよう。

第2編　所有権に関する登記

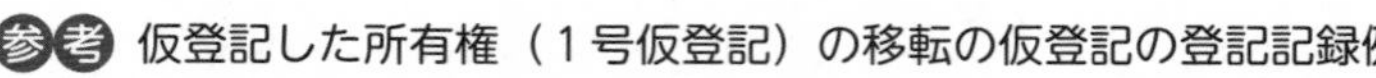

【登記記録例】

権 利 部（甲区）（所 有 権 に 関 す る 事 項）			
順位番号	登記の目的	受付年月日・受付番号	権利者その他の事項
1	所有権保存	令和何年何月何日 第何号	所有者　何市何町何番地 A
2	所有権移転仮登記	令和何年何月何日 第何号	原因　令和何年何月何日売買 権利者　何市何町何番地 B
	余白	余白	余白
3	２番仮登記所有権移転の仮登記	令和何年何月何日 第何号	原因　令和何年何月何日売買 権利者　何市何町何番地 C
	余白	余白	余白

１号仮登記を受けているＢが、その所有権をＣに譲渡した場合、Ｂ→Ｃへの登記は、上記のとおり、主登記の仮登記となる。この場合の申請情報は、次のとおりである。

登記の目的　２番仮登記所有権移転の仮登記
原　　　因　令和何年何月何日売買
権　利　者　何市何町何番地
　　　　　　C
義　務　者　何市何町何番地
　　　　　　B
添付情報　　登記原因証明情報　印鑑証明書　代理権限証明情報
登録免許税　不動産価額の1000分の10

この登記は仮登記であるから、共同で申請する場合であっても、登記義務者の登記識別情報の提供を要しない。また、Ｃが単独で申請することもできる。Ｃが単独で申請するときの申請情報は、No.7-1 と同じように考えればいい。

参考 仮登記した所有権移転請求権（２号仮登記）の移転の登記の登記記録例

【登記記録例】

権利部（甲区）（所有権に関する事項）			
順位番号	登記の目的	受付年月日・受付番号	権利者その他の事項
1	所有権保存	令和何年何月何日 第何号	所有者　何市何町何番地 A
2	所有権移転請求権仮登記	令和何年何月何日 第何号	原因　令和何年何月何日売買予約 権利者　何市何町何番地 B
	余白	余白	余白
付記１号	２番所有権移転請求権の移転	令和何年何月何日 第何号	原因　令和何年何月何日売買 権利者　何市何町何番地 C

２号仮登記を受けているBが、その所有権移転請求権をCに譲渡した場合、B→Cへの登記は、上記のとおり、付記登記の本登記となる。この場合の申請情報は、次のとおりである。

登記の目的　２番所有権移転請求権の移転
原　　因　令和何年何月何日売買
権　利　者　何市何町何番地
　　　　C
義　務　者　何市何町何番地
　　　　B
添付情報　登記原因証明情報　登記識別情報
　　　　印鑑証明書　代理権限証明情報
登録免許税　不動産１個につき金1000円

この登記は本登記であるから、CとBが共同で申請することを要する。このため、申請情報と併せて、Bが仮登記を受けたときの登記識別情報を提供することとなる。左のページの１号仮登記のケースとよく比較しておこう。

No.7-2 所有権移転（仮登記に基づく本登記）

基本形➡変形

【事例】

No.7-1の仮登記を本登記にするときの申請情報。なお、甲区３番にはCの所有権移転登記がされているものとする。

【完了後の登記記録】

権 利 部 （甲区） （所 有 権 に 関 す る 事 項）			
順位番号	登記の目的	受付年月日・受付番号	権利者その他の事項
1	所有権保存	令和何年何月何日 第何号	所有者　何市何町何番地 A
2	所有権移転仮登記	令和何年何月何日 第何号	原因　令和何年何月何日売買 権利者　何市何町何番地 B
	所有権移転	令和何年何月何日 第何号	原因　令和何年何月何日売買 所有者　何市何町何番地 B
3	所有権移転	令和何年何月何日 第何号	原因　令和何年何月何日売買 所有者　何市何町何番地 C
4	３番所有権抹消	余白	２番仮登記の本登記により年月日登記

ココをチェックしよう

所有権に関する仮登記の後に所有権移転登記がある場合、登記原因を確認しよう。これが相続以外であればCは利害関係人となり、相続であればCは申請人となる。また、Bの肩書も、権利者（仮登記）から所有者（本登記）へと昇格していることにも注目である。

One Point◆ 基本形→変形のコツ

仮登記に基づく本登記の急所は、登記の目的の記載と、登録免許税です。また、添付情報は、原則、通常の本登記と相違しません。しかし、所有権に関する仮登記の本登記を申請するときは、利害関係人の承諾を証する情報の提供を要する点に注意しましょう。

【申請情報】

登記の目的	所有権移転（２番仮登記の本登記）　＊１
原　　因	令和何年何月何日売買
権 利 者	何市何町何番地 　　B
義 務 者	何市何町何番地 　　A
添付情報	登記原因証明情報 登記識別情報（Aの登記識別情報） 住所証明情報（Bの住民票の写し） 承諾を証する情報（Cの承諾書）　＊２ 印鑑証明書（Aの印鑑証明書） 代理権限証明情報（B及びAの委任状）
課税価格	金1000万円
登録免許税	金10万円（登録免許税法第17条第１項）　＊３

＊１　登記の目的は、「２番仮登記の所有権移転本登記」としてもよい。

＊２　所有権に関する仮登記に基づく本登記をする場合に、登記上の利害関係人がいるときは、その者の承諾を証する情報の提供を要する（不動産登記法109条１項）。

＊３　登録免許税は、売買による所有権の移転の登記の税率（1000分の20）から、仮登記の際の税率（1000分の10）を控除した割合を乗じた額である（登録免許税法17条１項）。そして、本事例のように、減税の適用を受けるときは、その根拠となる法令の条項を記載する（不動産登記規則189条３項）。

先例

①　仮登記に基づく本登記の登記権利者は、登記記録上の仮登記名義人と同一人物であることを要する。このため、仮登記名義人の現在の住所と登記記録上の住所が異なるときは、仮登記に基づく本登記を申請する前提として、仮登記名義人の住所の変更の登記を申請しなければならない（先例昭38.12.27-3315）。

②　AからBに所有権の移転の仮登記がされた後、AからCに「相続」を原因とする所有権の移転の登記がされているときは、Bの仮登記に基づく本登記は、Cを登記義務者として申請して差し支えない（質疑登研458P96）。

→この場合、Cは、登記上の利害関係を有する第三者ではなく申請人となる。

No.8-1 所有権移転（農地の場合）

基本形➡変形

【事例】

令和何年４月１日、Ａが、Ｂに、その所有する農地を売却したときの所有権の移転の登記の申請情報。なお、農地法所定の許可は、同月20日に到達したものとする。

【完了後の登記記録】

表　題　部　（土地の表示）				調製	余白	不動産番号	1234567890123
地図番号	余白	筆界特定	余白				
所　　在	何市何町一丁目			余白			
①　地　番	②　地　目	③　地　積　㎡		原因及びその日付〔登記の日付〕			
123番５	畑	1055		123番１から分筆 〔令和何年何月何日〕			
余白	余白	余白		〔記載事項省略〕			

ココをチェックしよう

土地の登記記録では、表題部の地目を必ず確認しよう。

権　利　部　（甲区）（所　有　権　に　関　す　る　事　項）			
順位番号	登記の目的	受付年月日・受付番号	権利者その他の事項
2	所有権移転	令和何年何月何日 第何号	原因　令和何年何月何日売買 所有者　何市何町何番地 Ａ
3	所有権移転	令和何年何月何日 第何号	原因　令和何年４月20日売買 所有者　何市何町何番地 Ｂ

One Point◆ 基本形→変形のコツ

No.8-1から**9-3**までは、基本形（**No.6-1**）のうち、添付情報に変形を加えるケースです。セットで学習するといいでしょう。

【申請情報】

登記の目的　所有権移転
原　　　因　令和何年４月20日売買　＊１
権　利　者　何市何町何番地
　　　　　　B
義　務　者　何市何町何番地
　　　　　　A
添付情報　登記原因証明情報
　　　　　登記識別情報（Aの登記識別情報）
　　　　　住所証明情報（Bの住民票の写し）
　　　　　印鑑証明書（Aの印鑑証明書）
　　　　　許可を証する情報（農地法所定の許可書）　＊２
　　　　　代理権限証明情報（B及びAの委任状）
課税価格　金1000万円
登録免許税　金20万円　＊３

＊１　農地の売買契約が成立した後に農地法所定の許可を得たときは、登記原因の日付は、農地法所定の許可書が到達した日となる（先例昭35.10.6-2498）。

＊２　許可を証する情報として、農地法の許可書を提供する（不動産登記令７条１項５号ハ）。

＊３　登録免許税の額は、不動産価額に1000分の20を乗じた額である。

No.8-2 所有権移転
（会社と取締役の利益相反取引）

基本形➡変形

【事例】

取締役会設置会社であるＡ株式会社（代表取締役Ｘ）所有の甲土地を、Ａ株式会社の取締役であるＢに売却したときの所有権の移転の登記の申請情報。なお、第三者の許可等を要する場合には、適法にその許可等を得ているものとする。

【完了後の登記記録】

権　利　部　（甲区）　（所　有　権　に　関　す　る　事　項）			
順位番号	登記の目的	受付年月日・受付番号	権利者その他の事項
2	所有権移転	令和何年何月何日 第何号	原因　令和何年何月何日売買 所有者　何市何町何番地 Ａ株式会社 会社法人等番号　1234-56-789012
3	所有権移転	令和何年何月何日 第何号	原因　令和何年何月何日売買 所有者　何市何町何番地 Ｂ

One Point◆ 会社と取締役の利益相反取引

記述式の問題で会社が当事者として登場するときは、常に、利益相反取引の可能性を念頭に置いて問題を解くようにしましょう。これは定理です。そして、会社と取締役との間の売買契約は、典型的な利益相反取引の事案です（会社法356条１項２号）。

【申請情報】

登記の目的　所有権移転
原　　　因　令和何年何月何日売買　＊1
権　利　者　何市何町何番地
　　　　　　B
義　務　者　何市何町何番地
　　　　　　A株式会社
　　　　　　（会社法人等番号　1234-56-789012）
　　　　　　代表取締役　X
添付情報　登記原因証明情報
　　　　　　登記識別情報（A株式会社の登記識別情報）
　　　　　　住所証明情報（Bの住民票の写し）
　　　　　　会社法人等番号
　　　　　　印鑑証明書（A株式会社の代表者の印鑑証明書）　＊2
　　　　　　取締役会議事録（A株式会社の取締役会議事録）　＊3
　　　　　　代理権限証明情報（B及びA株式会社の代表者の委任状）
課税価格　金1000万円
登録免許税　金20万円　＊4

＊1　登記原因の日付は、売買契約が成立した日である。契約の後に、取締役会の承認を得たときでも、登記原因の日付はズレない。

＊2　印鑑証明書については、No.6-1-1を参照しよう。

＊3　利益相反取引を承認したことを証する株主総会議事録または取締役会議事録を提供する（不動産登記令7条1項5号ハ）。

＊4　登録免許税の額は、不動産価額に1000分の20を乗じた額である。

No.8-3 所有権移転（親権者と未成年者の利益相反行為）

基本形➡変形

【事例】

未成年者A（親権者はB及びC）が、その所有する不動産をBに売却したときの所有権の移転の登記の申請情報。なお、特別代理人としてXが選任され、法定代理人となるべき者が未成年者を代理して登記を申請するものとする。

【完了後の登記記録】

権　利　部　（甲区）（所　有　権　に　関　す　る　事　項）			
順位番号	登記の目的	受付年月日・受付番号	権利者その他の事項
2	所有権移転	令和何年何月何日 第何号	原因　令和何年何月何日贈与 所有者　何市何町何番地 A
3	所有権移転	令和何年何月何日 第何号	原因　令和何年何月何日売買 所有者　何市何町何番地 B

One Point◆ 親権者と未成年者の利益相反行為

当事者の中に未成年者がいるときは、利益相反行為が問題となりやすいです。No.8-2と同様、常に念頭に置いておきましょう。また、本事例では、利益相反の関係となるのはAとBです。このため、特別代理人Xと利益相反の関係にない親権者Cが未成年者Aを代理する、という点にも要注意です。

【申請情報】

登記の目的　所有権移転
原　　　因　令和何年何月何日売買
権　利　者　何市何町何番地
　　　　　　　　B
義　務　者　何市何町何番地
　　　　　　　　A
添付情報　　登記原因証明情報
　　　　　　登記識別情報（Aの登記識別情報）
　　　　　　住所証明情報（Bの住民票の写し）
　　　　　　印鑑証明書（X及びCの印鑑証明書）　＊1
　　　　　　代理権限証明情報　＊2
課税価格　　金1000万円
登録免許税　金20万円　＊3

＊1　特別代理人X及び利益相反関係にない親権者Cの印鑑証明書を添付する。
＊2　代理権限証明情報の中身は、次のとおりである。
- Bの委任状
- 特別代理人Xの選任審判書、Xの委任状
- Cの親権を証する戸籍全部事項証明書、Cの委任状

＊3　登録免許税の額は、不動産価額に1000分の20を乗じた額である。

先例

親権者と未成年者の利益相反行為に当たるため、特別代理人が未成年者を代理して法律行為をした場合、その登記は、①特別代理人、②親権者、③意思能力を有する未成年者本人のいずれかから申請することができる（先例昭32.4.13-379）。

→登記の申請自体は利益相反行為には当たらないため、利益相反関係にある親権者も申請することができる。

No.9-1 所有権移転（破産管財人の任意売却）

基本形➡変形

【事例】

破産管財人のCが、裁判所の許可を得て、破産者Aの不動産をBに任意売却したことによる所有権移転登記の申請情報。

〈平20年記述式〉

【完了後の登記記録】

権利部（甲区）（所有権に関する事項）			
順位番号	登記の目的	受付年月日・受付番号	権利者その他の事項
2	所有権移転	令和何年何月何日 第何号	原因　令和何年何月何日売買 所有者　何市何町何番地 A
3	破産手続開始	令和何年何月何日 第何号	原因　令和何年何月何日何時何地方裁判所破産手続開始決定
4	所有権移転	令和何年何月何日 第何号	原因　令和何年何月何日売買 所有者　何市何町何番地 B
5	3番破産手続開始登記抹消	令和何年何月何日 第何号	原因　令和何年何月何日売却

One Point◆ 基本形→変形のコツ

破産管財人の任意売却の事例の急所は、添付情報です。共同申請にもかかわらず、登記義務者である破産者の登記識別情報の提供を要しないことに注意しましょう（先例昭34.5.12-929）。

【申請情報】

登記の目的　所有権移転
原　　　因　令和何年何月何日売買　　＊1
権　利　者　何市何町何番地
　　　　　　　B
義　務　者　何市何町何番地
　　　　　　　A
破産者A破産管財人
　　　　　　何市何町何番地
　　　　　　　C
添付情報　　登記原因証明情報
　　　　　　住所証明情報（Bの住民票の写し）
　　　　　　印鑑証明書（Cの印鑑証明書）　＊2
　　　　　　許可を証する情報（裁判所の許可書）　＊3
　　　　　　代理権限証明情報（Bの委任状、裁判所作成のCの選任証明書及びCの委任状）
課税価格　　金1000万円
登録免許税　金20万円

＊1　登記原因の日付は、破産管財人による任意売却の日である。

＊2　破産管財人Cの印鑑証明書を添付する。この印鑑証明書は、裁判所書記官作成のものでもよい（不動産登記規則48条3号）。

＊3　裁判所の許可書を添付する。これにより登記の真正が担保されるため、登記義務者Aの登記識別情報の提供を要しない（先例昭34.5.12-929）。

先例

① 破産管財人が、裁判所の許可を得て、破産手続開始の登記のある不動産を任意売却し、その所有権移転登記をしたときは、破産手続開始の登記は、破産管財人の申立てに基づく裁判所書記官の嘱託により抹消される（先例平16.12.16-3554）。

② 不在者の財産管理人が、家庭裁判所の許可を得て不在者の所有する不動産を売却したことによる登記を申請するときは、登記義務者の登記識別情報の提供を要しない（質疑登研779P123）。

③ 成年後見人が、家庭裁判所の許可を得て、成年被後見人の居住の用に供する不動産を売却し、家庭裁判所の許可を証する情報を提供して所有権の移転の登記を申請するときは、登記義務者の登記識別情報の提供を要しない（質疑登研779P119）。

No.9-2 所有権移転
（相続財産清算人による処分）

基本形➡変形

【事例】

相続財産清算人のXが、裁判所の許可を得て、亡A相続財産名義の甲土地をBに売却したことによる所有権移転登記の申請情報。

【申請情報】

登記の目的　所有権移転
原　　　因　令和何年何月何日売買
権　利　者　何市何町何番地
　　　　　　　B
義　務　者　何市何町何番地
　　　　　　　亡A相続財産
　　　　　　何市何町何番地
　　　　　　亡A相続財産清算人　X
添付情報　　登記原因証明情報
　　　　　　住所証明情報（Bの住民票の写し）
　　　　　　印鑑証明書（Xの印鑑証明書）　＊1
　　　　　　許可を証する情報（裁判所の許可書）　＊2
　　　　　　代理権限証明情報（Bの委任状、相続財産清算人Xの選任審判書及びXの委任状）
課税価格　　金1000万円
登録免許税　金20万円

＊1　相続財産清算人Xの印鑑証明書を添付する。この印鑑証明書は、裁判所書記官作成のものでもよい（不動産登記規則48条3号）。

＊2　裁判所の許可書を添付する。これにより登記の真正が担保されるため、登記義務者の登記識別情報の提供を要しない（質疑登研606P199）。

被相続人が生前に売却した不動産の所有権移転登記を、相続財産清算人が、買主と共同して申請するときは、家庭裁判所の許可を要しない（先例昭32.8.26-1610）。

No.9-3 所有権移転（所有者不明土地管理人による処分）

基本形➡変形

【事例】

甲土地（所有権登記名義人はA）には、所有者不明土地管理命令の登記がされている。所有者不明土地管理人のXが、裁判所の許可を得て、甲土地をBに売却したときの申請情報。

【申請情報】

登記の目的	所有権移転
原　　　因	令和何年何月何日売買
権　利　者	何市何町何番地 B
義　務　者	何市何町何番地 A 何市何町何番地 所有者不明土地管理人　X
添付情報	登記原因証明情報 住所証明情報（Bの住民票の写し） 印鑑証明書（管理人の印鑑証明書）　＊1 許可を証する情報（裁判所の許可書）　＊2 代理権限証明情報（Bの委任状、管理人の印鑑証明書及びXの委任状）　＊3
課税価格	金1000万円
登録免許税	金20万円

＊1、＊3　管理人の印鑑証明書とは、裁判所書記官作成に係る「所有者不明土地管理人選任及び印鑑証明書」という文書のことである。この文書が、所有者不明土地管理人の代理権限を証する情報と印鑑証明書の双方を兼ねることとなる（先例令5.3.28-533）。

＊2　裁判所の許可書を添付する。これにより登記の真正が担保されるため、登記義務者の登記識別情報の提供を要しない（先例令5.3.28-533）。

No.10-1 所有権移転（遺贈　～遺言執行者がいる場合）

登記原因シリーズ

【事例】

Ａが、甲土地をＢに遺贈するとの遺言を遺して死亡したときの、遺贈を原因とする所有権の移転の登記の申請情報。なお、Ａの相続人は妻のＣと子のＤのみであり、Ａは、遺言執行者としてＥを指定していたものとする。

【完了後の登記記録】

権　利　部（甲区）（所　有　権　に　関　す　る　事　項）			
順位番号	登記の目的	受付年月日・受付番号	権利者その他の事項
1	所有権保存	令和何年何月何日 第何号	所有者　何市何町何番地 Ａ
2	所有権移転	令和何年何月何日 第何号	原因　令和何年何月何日遺贈 所有者　何市何町何番地 Ｂ

One Point◆ 遺贈による登記

遺贈による所有権移転登記では、まず、受遺者が相続人であるか、相続人以外の第三者であるかを確認しましょう。単独申請ができるかどうかにかかわるためです。そして、本事例のような第三者への遺贈の場合、遺言執行者がいる事案を基本形として、学習するとよいでしょう。なお、遺言執行者がいないケースでは、相続人の全員が申請することとなります。その場合の申請情報は、No.6-3を参照しましょう（相続人による登記）。

【申請情報】

登記の目的	所有権移転
原　　　因	令和何年何月何日遺贈　　＊1
権　利　者	何市何町何番地 B
義　務　者	何市何町何番地 （亡）A　　＊2
添付情報	登記原因証明情報　　＊3 登記識別情報（Aの登記識別情報） 住所証明情報（Bの住民票の写し） 印鑑証明書（遺言執行者Eの印鑑証明書）　　＊4 代理権限証明情報（Bの委任状、遺言書、Aの死亡を証する戸籍全部事項証明書等、Eの委任状）　　＊5
課税価格	金1000万円
登録免許税	金20万円　　＊6

＊1　登記原因の日付は、遺言者の死亡の日である。停止条件付の遺贈であり、遺言者の死亡後に条件が成就したときは、条件成就の日が登記原因の日付となる（民法985条）。

＊2　遺言執行者がいるときは、遺言執行者が申請する。この場合、登記義務者として、Aの死亡時の住所を掲げて、「（亡）A」と記載する。

＊3　登記原因証明情報として、遺言書および遺言者の死亡を証する戸籍全部事項証明書等を添付する。

＊4　遺言執行者の印鑑証明書を添付する。

＊5　遺言執行者の代理権限を証する情報として、遺言書および遺言者の死亡を証する戸籍全部事項証明書等を添付する。

＊6　登録免許税の税率は、不動産価額の1000分の20である。

先例

①　家庭裁判所が選任した遺言執行者が登記を申請する場合、その代理権限を証する情報として、遺言書と家庭裁判所の選任審判書を提供する（先例昭44.10.26-2204）。

②　遺言に基づく登記を申請する場合、その遺言書は、家庭裁判所の検認を受けたものであることを要する（先例平7.12.4-4344）。

→公正証書遺言、遺言書保管法に基づいて保管されている自筆証書遺言は、検認を要しない。

No. 10-2 所有権移転（相続人に対する遺贈）

登記原因シリーズ

【事例】

Ａが、甲土地を相続人であるＢに遺贈するとの遺言を遺して死亡した場合に、遺贈を原因とする所有権移転登記を単独で申請するときの申請情報。なお、遺言執行者として、Ｃが選任されているものとする。

【完了後の登記記録】

権　利　部　（甲区）　（所　有　権　に　関　す　る　事　項）			
順位番号	登記の目的	受付年月日・受付番号	権利者その他の事項
1	所有権保存	令和何年何月何日 第何号	所有者　何市何町何番地 Ａ
2	所有権移転	令和何年何月何日 第何号	原因　令和何年何月何日遺贈 所有者　何市何町何番地 Ｂ

One Point◆ 相続人に対する遺贈

相続人を受遺者とする遺贈による所有権移転登記は、登記権利者（受遺者）が単独で申請することができます（不動産登記法63条３項）。また、この場合、相続人である受遺者は、自己のために相続の開始があったことを知り、かつ、その所有権を取得したことを知った日から３年以内に、その所有権移転登記を申請する義務を負うこととなります（不動産登記法76条の２第１項後段）。

【申請情報】

登記の目的	所有権移転
原　　因	令和何年何月何日遺贈
権 利 者	何市何町何番地
（申請人）	B　＊1
義 務 者	何市何町何番地
	A
添付情報	登記原因証明情報　＊2
	住所証明情報（Bの住民票の写し）
	代理権限証明情報（Bの委任状）
課税価格	金1000万円
登録免許税	金4万円　＊3

＊1　受遺者のBが、登記権利者として単独で申請することができる。なお、遺言執行者のCは、登記権利者に当たらないため、その資格においてBへの遺贈による所有権移転登記を単独で申請することはできない（登記研究908P5）。

＊2　登記原因証明情報として、①遺言書、②遺言者の死亡を証する戸籍全部事項証明書等、③受遺者が相続人であることを証する戸籍全部（一部）事項証明書等（遺言者が死亡した日以後に作成されたもの）を添付する。

＊3　登録免許税は、相続がらみとして、不動産価額の1000分の4である。

先例

① 遺言者の登記記録上の住所や氏名（住所等）が、死亡時の住所等と相違する場合において、受遺者が、単独で遺贈による所有権移転登記を申請するときは、住所等の変更を証する情報を提供すれば足り、前提としての登記名義人の住所等の変更登記を要しない（質疑登研908P6）。
→一般原則どおり、遺贈による所有権移転登記を共同で申請するときは、前提としての住所等の変更登記を要する。

② 亡Xが、その所有する甲土地を、その相続人であるAおよびBに各2分の1の割合で遺贈したときは、Aは、単独で、自己の持分のみに係る遺贈による所有権一部移転登記、または、AB名義とする所有権移転登記を申請することができる（先例昭34.4.6-658参照、質疑登研908P5）。

No.11 所有権移転（時効取得）

登記原因シリーズ

【事例】

令和何年２月３日、A所有の甲土地の占有を開始したBが、令和何年４月１日、時効を援用した。この場合に、時効取得を原因として、AからBへの所有権の移転の登記を申請するときの申請情報。

平17年記述式

【申請情報】

登記の目的	所有権移転　＊１
原　　因	令和何年２月３日時効取得　＊２
権 利 者	何市何町何番地 B
義 務 者	何市何町何番地 A
添付情報	登記原因証明情報 登記識別情報（Aの登記済証または登記識別情報） 住所証明情報（Bの住民票の写し） 印鑑証明書（Aの印鑑証明書） 代理権限証明情報（B及びAの委任状）
課税価格	金1000万円
登録免許税	金20万円

＊１　時効取得は原始取得であるが、登記手続としては、所有権の移転の登記を申請する（先例明44.6.22-414）。

＊２　登記原因の日付は、占有開始の日である。時効が完成した日や、時効を援用した日ではないので注意しよう。

No.12 所有権移転（財産分与）

登記原因シリーズ

【事例】

令和何年１月23日、ＡとＢの協議離婚が成立した。同年４月１日、ＡＢ間で、Ａ所有の甲土地をＢに財産分与するとの協議が成立した。この場合の、ＡからＢへの所有権の移転の登記の申請情報。

【申請情報】

登記の目的　所有権移転
原　　　因　令和何年４月１日財産分与　＊
権　利　者　何市何町何番地
　　　　　　　　Ｂ
義　務　者　何市何町何番地
　　　　　　　　Ａ
添付情報　　登記原因証明情報
　　　　　　登記識別情報（Ａの登記識別情報）
　　　　　　住所証明情報（Ｂの住民票の写し）
　　　　　　印鑑証明書（Ａの印鑑証明書）
　　　　　　代理権限証明情報（Ｂ及びＡの委任状）
課税価格　　金1000万円
登録免許税　金20万円

＊　登記原因の日付は、離婚成立の日と財産分与協議の成立の日の前後によって、以下のとおりとなる（登記研究490P146）。

① 離婚成立→財産分与協議成立　（原因日付）財産分与協議成立の日
② 財産分与協議成立→離婚成立　（原因日付）離婚成立の日

No.13-1 所有権移転（代物弁済）

登記原因シリーズ

【事例】

令和何年４月１日、ＡＢ間で、Ａ所有の甲土地をＢに代物弁済するとの合意が成立し、同月14日にその登記の申請をした。この場合の、ＡからＢへの所有権の移転の登記の申請情報。

平10年記述式

【完了後の登記記録（登記事項一部省略）】

権　利　部　（甲区）（所　有　権　に　関　す　る　事　項）			
順位番号	登記の目的	受付年月日・受付番号	権利者その他の事項
２	所有権移転	令和何年何月何日 第何号	原因　令和何年何月何日売買 所有者　何市何町何番地 Ａ
3	所有権移転	令和何年何月何日 第何号	原因　令和何年４月１日代物弁済 所有者　何市何町何番地 B

権　利　部　（乙区）（所有権以外の権利に関する事項）			
順位番号	登記の目的	受付年月日・受付番号	権利者その他の事項
1	抵当権設定	令和何年何月何日 第何号	原因　令和何年何月何日金銭消費貸借同日設定 債務者　何市何町何番地 A 抵当権者　何市何町何番地 B

One Point◆ 代物弁済

代物弁済の事例は、抵当権の抹消登記と合わせて問題となるのが、通常です。そこで、所有権の登記の章ではありますが、抵当権抹消登記もセットで学習しましょう。

【申請情報】

登記の目的	所有権移転
原　　　因	令和何年４月１日代物弁済　　＊1
権　利　者	何市何町何番地 　　B
義　務　者	何市何町何番地 　　A
添付情報	登記原因証明情報 登記識別情報（Aの登記識別情報） 住所証明情報（Bの住民票の写し） 印鑑証明書（Aの印鑑証明書） 代理権限証明情報（B及びAの委任状）
課税価格	金1000万円
登録免許税	金20万円　　＊2

＊1　登記原因の日付は、代物弁済契約成立の日である（最判昭57.6.4、民法482条、176条）。

＊2　登録免許税の額は、不動産価額に1000分の20を乗じた額である。

No.13-2 抵当権抹消（代物弁済）

【事例】

令和何年４月１日、ＡＢ間で、Ａ所有の甲土地をＢに代物弁済するとの合意が成立し、同月14日にその登記の申請をした。この場合の、抵当権抹消登記の申請情報。

平10年記述式

【完了後の登記記録（登記事項一部省略）】

権　利　部　（甲区）（所　有　権　に　関　す　る　事　項）			
順位番号	登記の目的	受付年月日・受付番号	権利者その他の事項
2	所有権移転	（省略）	所有者　A
3	所有権移転	令和何年何月何日 第何号	原因　令和何年４月１日代物弁済 所有者　何市何町何番地 B

権　利　部　（乙区）（所有権以外の権利に関する事項）			
順位番号	登記の目的	受付年月日・受付番号	権利者その他の事項
1	抵当権設定	令和何年何月何日 第何号	原因　令和何年何月何日金銭消費貸借同日設定 債務者　何市何町何番地 A 抵当権者　何市何町何番地 B
2	１番抵当権抹消	令和何年何月何日 第何号	原因　令和何年４月14日代物弁済

One Point ◆ 代物弁済による抵当権の登記の抹消

代物弁済を原因とする抵当権の抹消登記の急所は、登記原因の日付です。No.13-1の所有権の移転の登記とは、原因日付が異なることがあるので注意しましょう。

【申請情報】

登記の目的	1番抵当権抹消
原　　因	令和何年4月14日代物弁済　＊1
権利者兼義務者	何市何町何番地 B
添付情報	登記原因証明情報 登記識別情報（Bの登記識別情報） 代理権限証明情報（Bの委任状）
登録免許税	金1000円　＊2

＊1　代物弁済により被担保債権が消滅したことによる抵当権の抹消の登記の登記原因は、「代物弁済」である（質疑登研270P71）。また、登記原因の日付は、所有権の移転の登記の申請日である（最判昭39.11.26）。

＊2　登録免許税は、不動産1個につき金1000円である。

No.14-1 所有権一部移転

登記の目的シリーズ　基本形➡変形

【事例】

甲土地の所有者Aが、その所有権の２分の１をBに贈与したときの申請情報。

【完了後の登記記録（一部省略）】

権　利　部（甲区）（所　有　権　に　関　す　る　事　項）			
順位番号	登記の目的	受付年月日・受付番号	権利者その他の事項
２	所有権移転	令和何年何月何日 第何号	原因　令和何年何月何日売買 所有者　何市何町何番地 A
３	所有権一部移転	令和何年何月何日 第何号	原因　令和何年何月何日贈与 共有者　何市何町何番地 持分２分の１　B

One Point◆ 基本形→変形のコツ

ここからは、「登記の目的シリーズ」として、No.6-1の基本形のうち、登記の目的を変形するケースを学習していきましょう。所有権の一部移転や、持分の移転などです。また、権利の一部や持分が動いたときは、原則として、登記権利者の部分に、持分の記載を要します。その点を頭に置きながら、申請情報を書いてみてください。

【申請情報】

登記の目的　所有権一部移転　＊1
原　　　因　令和何年何月何日贈与
権　利　者　何市何町何番地
　　　　　　持分２分の１　Ｂ　＊2
義　務　者　何市何町何番地
　　　　　　　　Ａ
添付情報　登記原因証明情報
　　　　　登記識別情報（Ａの登記識別情報）
　　　　　住所証明情報（Ｂの住民票の写し）
　　　　　印鑑証明書（Ａの印鑑証明書）
　　　　　代理権限証明情報（Ｂ及びＡの委任状）
課税価格　移転した持分の価格　金500万円　＊3
登録免許税　金10万円　＊4

＊1　共有持分の一部が移転したときは、登記の目的を「Ａ持分一部移転」と記載する。
＊2　権利の一部が移転したときは、移転した持分を記載する。
＊3　権利の一部が移転したときは、「移転した持分の価格　金何円」と記載する。
＊4　登録免許税は、移転した持分の価格に1000分の20を乗じた額である。

No.14-2 順位何番で登記した持分の移転の登記

登記の目的シリーズ　基本形➡変形

【事例】

Bが、甲区4番で登記した持分を、Cに移転したときの申請情報。

【完了後の登記記録（一部省略）】

権　利　部　（甲区）（所　有　権　に　関　す　る　事　項）			
順位番号	登記の目的	受付年月日・受付番号	権利者その他の事項
2	所有権移転	（省略）	所有者　A
3	所有権一部移転	令和何年2月3日 第2300号	原因　令和何年何月何日売買 共有者　何市何町何番地 持分2分の1　B
4	A持分全部移転	令和何年5月6日 第5600号	原因　令和何年何月何日売買 所有者　何市何町何番地 持分2分の1　B
5	所有権一部（順位4番で登記した持分）移転	令和何年何月何日 第何号	原因　令和何年何月何日売買 共有者　何市何町何番地 持分2分の1　C

権　利　部　（乙区）（所有権以外の権利に関する事項）			
順位番号	登記の目的	受付年月日・受付番号	権利者その他の事項
1	B持分抵当権設定	令和何年2月3日 第2301号	抵当権者　何市何町何番地 D

One Point◆ 基本形→変形のコツ

本事例の登記の目的は、Bが数回に分けて取得した所有権（甲区3番と4番）のうちの一方の持分に抵当権を設定しているようなときに使います。変形のコツは、No.14-1の登記の目的に、動いた持分をカッコで特定すればよろしいです。

【申請情報】

登記の目的　所有権一部（順位４番で登記した持分）移転　＊1
原　　　因　令和何年何月何日売買
権　利　者　何市何町何番地
　　　　　　持分２分の１　C
義　務　者　何市何町何番地
　　　　　　　B
添付情報　登記原因証明情報
　　　　　　登記識別情報（Bの登記識別情報）
　　　　　　住所証明情報（Cの住民票の写し）
　　　　　　印鑑証明書（Bの印鑑証明書）
　　　　　　代理権限証明情報（C及びBの委任状）
課税価格　移転した持分の価格　金500万円
登録免許税　金10万円　＊2

＊1　数回に分けて取得した持分のうち、特定の持分を移転するときは、登記の目的を以下のように記載する。

登記の目的　B持分一部（順位何番で登記した持分）移転

＊2　登録免許税は、移転した持分の価格に1000分の20を乗じた額である。

No.15 共有物分割

【事例】

ＡＢ共有の不動産につき、ＡＢ間で、Ａ単独所有とする共有物分割の協議が成立したときの申請情報。

【完了後の登記記録】

権利部（甲区）（所有権に関する事項）			
順位番号	登記の目的	受付年月日・受付番号	権利者その他の事項
２	所有権移転	令和何年何月何日 第何号	原因　令和何年何月何日売買 共有者 　何市何町何番地 　持分２分の１　Ａ 　何市何町何番地 　　　２分の１　Ｂ
３	Ｂ持分全部移転	令和何年何月何日 第何号	原因　令和何年何月何日共有物分割 所有者　何市何町何番地 　持分２分の１　Ａ

One Point◆ 共有不動産の登記

ここからは、共有不動産に特有の登記を学習していきましょう。共有物分割を登記原因とするときは、その登記権利者は、登記記録上の登記名義人でなければなりません。これは、定理として、よく覚えておきましょう。

【申請情報】

登記の目的	B持分全部移転　＊1
原　　　因	令和何年何月何日共有物分割
権　利　者	何市何町何番地
	持分２分の１　A　＊2
義　務　者	何市何町何番地
	B
添付情報	登記原因証明情報
	登記識別情報（Bの登記識別情報）
	住所証明情報（Aの住民票の写し）
	印鑑証明書（Bの印鑑証明書）
	代理権限証明情報（A及びBの委任状）
課税価格	移転した持分の価格　金500万円　＊3
登録免許税	金10万円　＊4

＊1　共有持分の全部が移転したときは、このように「何某持分全部移転」と記載する。

＊2　持分が移転したときは、移転した持分を書くことを忘れないようにしよう。

＊3　持分が移転したときは、「移転した持分の価格　金何円」と記載する。

＊4　「共有物分割」を登記原因とする持分の移転の登記の登録免許税の税率は、一定の要件を満たした場合を除いて、移転した持分の価格の1000分の20である（先例平15.4.1-1022参照）。

→記述式の対策としては、この場合の税率は、原則として1000分の20と覚えた方がわかりやすい。平成24年の記述式でも、税率を1000分の20とするカタチの共有物分割の事案が出題されている。

先例

A及びBが共有する甲不動産をAの単独所有とし、その代わりに、Aの所有する乙不動産をBに譲渡する旨の共有物分割協議が成立したときは、甲不動産については「共有物分割」を登記原因とするB持分の全部移転の登記、乙不動産については、「共有物分割による交換」を登記原因とするAからBへの所有権の移転の登記を申請する（登記記録例224、平24記述式）。

No.16 共有持分の放棄

共有不動産シリーズ

【事例】

ＡＢ共有の不動産につき、共有者のＢが、その持分を放棄したときの申請情報。

【完了後の登記記録】

権　利　部　（甲区）（所　有　権　に　関　す　る　事　項）			
順位番号	登記の目的	受付年月日・受付番号	権利者その他の事項
2	所有権移転	令和何年何月何日 第何号	原因　令和何年何月何日売買 共有者 　何市何町何番地 　持分２分の１　Ａ 　何市何町何番地 　　２分の１　Ｂ
3	Ｂ持分全部移転	令和何年何月何日 第何号	原因　令和何年何月何日持分放棄 所有者　何市何町何番地 　持分２分の１　Ａ

One Point◆ 持分放棄

持分放棄を登記原因とするときも、No.15の共有物分割と同様に、登記権利者は、登記記録上の登記名義人に限られます。

【申請情報】

登記の目的	Ｂ持分全部移転
原　　　因	令和何年何月何日持分放棄　　＊１
権　利　者	何市何町何番地 持分２分の１　Ａ　　＊２
義　務　者	何市何町何番地 Ｂ
添付情報	登記原因証明情報 登記識別情報（Ｂの登記識別情報） 住所証明情報（Ａの住民票の写し） 印鑑証明書（Ｂの印鑑証明書） 代理権限証明情報（Ａ及びＢの委任状）
課税価格	移転した持分の価格　金500万円
登録免許税	金10万円　　＊３

＊１　登記原因の日付は、持分放棄の意思表示をした日である（最判昭42.6.22）。
　→持分放棄の意思表示は、相手方のない単独行為だからである。
＊２　移転した持分の記載を忘れないように注意しよう。
＊３　登録免許税は、移転した持分の価格に1000分の20を乗じた額である。

先例

① ＡとＢが共有する不動産について、「共有物分割」または「持分放棄」を登記原因としてＡの持分をＢに移転する登記を申請する場合において、登記権利者Ｂの現在の住所が登記記録上の住所と異なるときは、持分移転の登記の前提として、Ｂの住所の変更の登記の申請を要する（質疑登研473P151）。

② ＡＢが共有する甲土地について、Ａの「持分放棄」を登記原因として、第三者Ｃに対する持分移転の登記を申請することはできない（先例昭60.12.2-5441）。

③ ＡＢＣが共有する不動産について、Ａがその持分を放棄したため、「持分放棄」を登記原因として、Ａの持分の一部をＢに移転する登記をしている場合に、Ａの残りの持分について、共有登記名義人ではないＤに対して、「売買」を原因とする持分移転の登記を申請することができる（先例昭44.5.29-1134）。

No.17-1 共有不動産全部の移転

共有不動産シリーズ

【事例】

不動産の共有者ＡＢが、その不動産の全部をＣに売却したときの申請情報。

平25年記述式

【完了後の登記記録】

権　利　部　（甲区）（所　有　権　に　関　す　る　事　項）			
順位番号	登記の目的	受付年月日・受付番号	権利者その他の事項
2	所有権移転	令和何年何月何日 第何号	原因　令和何年何月何日相続 共有者 　何市何町何番地 　持分２分の１　Ａ 　何市何町何番地 　　２分の１　Ｂ
3	共有者全員持分全部移転	令和何年何月何日 第何号	原因　令和何年何月何日売買 所有者　何市何町何番地 　　Ｃ

One Point◆ 登記の目的

本事例は、登記の目的の記載に注意しましょう。ついつい「所有権移転」と書いてしまいやすいので、気をつけてください。

【申請情報】

登記の目的	共有者全員持分全部移転　＊
原　　因	令和何年何月何日売買
権 利 者	何市何町何番地 C
義 務 者	何市何町何番地 A 何市何町何番地 B
添付情報	登記原因証明情報 登記識別情報（A及びBの登記識別情報） 住所証明情報（Cの住民票の写し） 印鑑証明書（A及びBの印鑑証明書） 代理権限証明情報（C、A及びBの委任状）
課税価格	金1000万円
登録免許税	金20万円

＊　数人が共有する不動産を第三者に一括して売却した場合、各共有者の持分移転の登記は、一の申請情報で申請することができる（先例昭37.1.23-112）。この場合、登記の目的には、「共有者全員持分全部移転」と記載する。

参考

このほか、以下の登記の目的も覚えておこう。

①　ＡＢＣ共有不動産のうち、ＡＢ持分が移転したケース

登記の目的　　A、B持分全部移転

→「Cを除く共有者全員持分全部移転」でもよい。

②　ＡＢＣ共有不動産のうち、ＡＢ持分の一部が移転したケース

登記の目的　　A持分６分の１、B持分６分の１移転

No.17-2 持分の一部が第三者の権利の目的となっている場合

【事例】

不動産の共有者ＡＢが、その不動産の全部をＣに売却したときの申請情報。なお、Ａの持分を目的として、Ｘの抵当権設定登記がされているものとする。

平26年記述式

【完了後の登記記録（登記事項一部省略）】

権　利　部　（甲区）（所　有　権　に　関　す　る　事　項）			
順位番号	登記の目的	受付年月日・受付番号	権利者その他の事項
２	所有権移転	令和何年何月何日 第何号	原因　令和何年何月何日売買 共有者　持分２分の１　Ａ 　　　　２分の１　Ｂ
３	Ａ持分全部移転	令和何年何月何日 第何号	原因　令和何年何月何日売買 共有者　何市何町何番地 　持分２分の１　Ｃ
４	Ｂ持分全部移転	令和何年何月何日 第何号	原因　令和何年何月何日売買 所有者　何市何町何番地 　持分２分の１　Ｃ

権　利　部　（乙区）（所有権以外の権利に関する事項）			
順位番号	登記の目的	受付年月日・受付番号	権利者その他の事項
１	Ａ持分抵当権設定	令和何年何月何日 第何号	原因　令和何年何月何日金銭消費貸 　借同日設定 抵当権者　Ｘ

One Point◆ 各別の申請

共有者の一部の者の持分を目的として、抵当権や差押えなどの第三者の権利の登記があるときは、その者の持分については、各別の申請情報によって申請することを要します（先例昭37.1.23-112）。No.17-1とよく比較しましょう。

【申請情報】

登記の目的　Ａ持分全部移転　＊
原　　因　令和何年何月何日売買
権 利 者　何市何町何番地
　　　　　持分２分の１　Ｃ
義 務 者　何市何町何番地
　　　　　Ａ
添付情報　登記原因証明情報
　　　　　登記識別情報（Ａの登記識別情報）
　　　　　住所証明情報（Ｃの住民票の写し）
　　　　　印鑑証明書（Ａの印鑑証明書）
　　　　　代理権限証明情報（Ｃ及びＡの委任状）
課税価格　移転した持分の価額　金500万円
登録免許税　金10万円

＊　第三者の権利の目的となっている持分とそれ以外の持分について、各別の申請情報によって申請する。なお、申請の順番は、どちらが先でもかまわない。

登記の目的　Ｂ持分全部移転
原　　因　令和何年何月何日売買
権 利 者　何市何町何番地
　　　　　持分２分の１　Ｃ
義 務 者　何市何町何番地
　　　　　Ｂ
添付情報　登記原因証明情報　登記識別情報　住所証明情報
　　　　　印鑑証明書　代理権限証明情報

添付情報の中身や登録免許税は、Ａ持分全部移転の申請情報と同じように考えよう。

No.18 所在等不明共有者の持分の処分

【事例】

甲土地をＡＢＣが各３分の１の割合で共有している。Ａの請求により、所在等不明共有者Ｃの持分をＡに取得させる旨の裁判が確定したときの申請情報。

【申請情報】

登記の目的	Ｃ持分全部移転
原　　　因	令和何年何月何日民法第262条の２の裁判　＊1
権　利　者	何市何町何番地
	持分３分の１　Ａ
義　務　者	何市何町何番地
	Ｃ　＊2
添付情報	登記原因証明情報（裁判書謄本及び確定証明書）　＊3
	住所証明情報（Ａの住民票の写し）
	印鑑証明書（Ａの印鑑証明書）　＊4
	代理権限証明情報（裁判書謄本及びＡの委任状）　＊5
課税価格	移転した持分の価格　金何万円
登録免許税	金何万円（課税価格×20/1000）

＊1　登記原因は、裁判が確定した日をもって、「年月日民法第262条の２の裁判」と記載する。

＊2　Ｃの持分を取得したＡが、Ｃの代理人として申請することとなる。つまり、事実上の単独申請となる（形式上は共同申請）。

＊3、＊5　登記原因証明情報として、確定裁判に係る裁判書の謄本と確定証明書を添付する。裁判書の謄本は、Ａの代理権限を証する情報を兼ねる。

＊4　Ａの印鑑証明書を添付する。

先例

「年月日民法第262条の２の裁判」による所在等不明共有者の持分移転登記を申請するときは、登記義務者の登記識別情報の提供を要しない（先例令5.3.28-533）。

コラム　**共有不動産の目の付けどころ**

記述式は、初見が勝負です（オートマシリーズ「短期合格のツボ」より）。
記述式の問題では、必ず、別紙で登記記録が示されます。
みなさんは、以下の登記記録を見たときに、何かピンとくるでしょうか？

甲区２番	所有権移転	
	共有者　持分２分の１	A
	２分の１	B
乙区１番	A持分抵当権設定	
	抵当権者　X	

初見の段階で、以下の２点を思い浮かべられるとほぼ完璧といえましょう。
①　ABがCに不動産の全部を売却しても、共有者全員持分全部移転の登記をすることができない。
②　AがBの持分を取得して、及ぼす変更の登記をするかもしれない。

①は、前記の**No.17-2**を、②の及ぼす変更の登記は、後述の第３編第３章の**No.14-1**を、それぞれ参照しよう。

登記記録を見たときに、「こういう登記があるかもしれない」というアタリを付けることができれば、その後の事実関係の読み取りにおいて、有利な局面に持ち込むことが可能となります。
また、登記記録や別紙のどこを見たらよいのかという視点を身に付けることで、解答時間の短縮を図ることが可能となります。
本書「オートマひながた集」でも、時折、「ココをチェックしよう」として、目の付けどころをご紹介しております。
ひながたの素振りとともに、初見における勝負の視点も身に付けておくとよいでしょう。

第3章 所有権の移転の登記（相続関連）

No.19-1 相続による所有権移転（法定相続分）

基本形

【事例】

甲土地の所有者Aが死亡したことによる、法定相続分に基づく相続を原因とする所有権の移転の登記の申請情報。なお、Aの相続人は、妻のB、子のC及びDであり、司法書士は相続人の全員から依頼を受けているものとする。

【完了後の登記記録】

権　利　部　（甲区）　（所　有　権　に　関　す　る　事　項）			
順位番号	登記の目的	受付年月日・受付番号	権利者その他の事項
1	所有権保存	令和何年何月何日 第何号	所有者　何市何町何番地 A
2	所有権移転	令和何年何月何日 第何号	原因　令和何年何月何日相続 共有者　何市何町何番地 持分４分の２　B 何市何町何番地 ４分の１　C 何市何町何番地 ４分の１　D

One Point◆ 相続登記

相続を原因とする所有権の移転の登記（以下、相続登記）は、択一はもちろん、記述式試験でも頻出です。しっかり準備しておきましょう。なお、相続により所有権を取得した者は、自己のために相続の開始があったことを知り、かつ、その所有権を取得したことを知った日から３年以内に、その所有権移転登記を申請する義務を負います（不動産登記法76条の２第１項前段）。遺産分割や相続させる旨の遺言（特定財産承継遺言）によって所有権を取得した場合も同様です。

【申請情報】

登記の目的　所有権移転
原　　　因　令和何年何月何日相続
相続人（被相続人　A）
　　　　何市何町何番地
　　　　持分４分の２　B　　＊1
　　　　何市何町何番地
　　　　　４分の１　C
　　　　何市何町何番地
　　　　　４分の１　D
添付情報　登記原因証明情報　　＊2
　　　　住所証明情報（B、C及びDの住民票の写し）
　　　　代理権限証明情報（B、C及びDの委任状）
課税価格　金1000万円
登録免許税　金４万円　　＊3

＊1　共有物の保存行為として、共同相続人のうちの１人から申請することもできる（民法252条５項）。そのときは、下記のとおり申請人となる相続人に、「(申請人)」と冠記する。

参考 相続人のうちの１人から申請する場合

相続人（被相続人　A）
　　　　何市何町何番地
（申請人）持分４分の２　B
　　　　何市何町何番地
　　　　　４分の１　C
　　　　何市何町何番地
　　　　　４分の１　D

＊2　登記原因証明情報として、①Aの出生から死亡までの戸籍全部事項証明書等、②相続人全員の戸籍全部（一部）事項証明書等、③Aの住民票の除票の写しを添付する（以下、戸籍類一式）。なお、以上の戸籍類一式に代えて、法定相続情報一覧図の写しを添付することもできる。
＊3　登録免許税は、不動産価額に1000分の４を乗じた額である。

No. 19-2 相続による所有権移転（遺産分割）

基本形➡変形

【事例】

甲土地の所有者Aが死亡して、その相続人は、子のＢＣＤである。法定相続分による相続登記をする前に、ＢＣＤ間でＢが甲土地を単独で取得する旨の遺産分割協議が成立したときの申請情報。

【申請情報】

登記の目的　所有権移転
原　　　因　令和何年何月何日相続　＊1
相続人（被相続人　A）
　何市何町何番地
　B　＊1
添付情報　登記原因証明情報　＊2
　住所証明情報（Ｂの住民票の写し）
　代理権限証明情報（Ｂの委任状）
課税価格　金1000万円
登録免許税　金４万円

＊1　法定相続分による相続登記をする前に遺産分割協議が成立したときは、直接、Ｂの名義で、「相続」を登記原因とする所有権移転登記を申請することができる（先例昭19.10.19-692）。

＊2　登記原因証明情報として、基本形 No.19-1 に記載の戸籍類一式に加えて、遺産分割協議書（ＣＤの印鑑証明書付きのもの）を添付する。

No.19-3 相続による所有権移転（特定財産承継遺言）

基本形➡変形

【事例】

甲土地の所有者Ａが死亡して、その相続人は子のＢＣＤである。Ａが、「甲土地をＣに相続させる」旨の遺言をしていたときの申請情報。

【申請情報】

登記の目的　所有権移転
原　　　因　令和何年何月何日相続
相続人（被相続人　Ａ）
　　　　　　何市何町何番地
　　　　　　　　Ｃ　　＊１
添付情報　　登記原因証明情報　　＊２
　　　　　　住所証明情報（Ｃの住民票の写し）
　　　　　　代理権限証明情報（Ｃの委任状）
課税価格　　金1000万円
登録免許税　金４万円

＊１　遺言によって甲土地を取得したＣの名義で、直接、相続による所有権移転登記（相続登記）をすることができる。なお、遺言執行者が選任されている場合、遺言執行者またはＣのいずれもが、単独で相続登記を申請することができる（先例令1.6.27-68）。

＊２　登記原因証明情報として、①遺言書、②Ａの死亡を証する戸籍全部事項証明書等や住民票の除票の写し、③Ｃが相続人であることを証する戸籍全部（一部）事項証明書等を添付する。No.19-1 や No.19-2 と相違して、Ｃ以外の相続人の戸籍全部事項証明書等の添付を要しない。

No.19-4 相続による所有権移転（相続放棄）

基本形➡変形

【事例】

甲土地の所有者Ａが死亡し、その相続人は子のＢＣＤである。Ｄが相続放棄をしたときの相続による所有権移転登記の申請情報。なお、司法書士は、相続人の全員から依頼を受けているものとする。

【申請情報】

登記の目的　所有権移転
原　　　因　令和何年何月何日相続
相続人（被相続人　Ａ）
　　　　　　何市何町何番地
　　　　　　持分２分の１　Ｂ
　　　　　　何市何町何番地
　　　　　　　２分の１　Ｃ
添付情報　　登記原因証明情報　　＊
　　　　　　住所証明情報（Ｂ及びＣの住民票の写し）
　　　　　　代理権限証明情報（Ｂ及びＣの委任状）
課税価格　　金1000万円
登録免許税　金４万円

＊　登記原因証明情報として、基本形No.19-1の戸籍類一式に加えて、Ｄの相続放棄申述受理証明書を添付する。

先例

共同相続人の一部に相続放棄をした者がいる場合の相続登記の登記原因証明情報の一部として、相続放棄申述受理証明書のほか、「相続放棄等の申述の有無についての照会に対する家庭裁判所からの回答書」や「相続放棄申述受理通知書」を添付することもできる（質疑答研808P147）。

No. 19-5 相続による所有権移転（特別受益者がいる場合）

基本形➡変形

【事例】

甲土地の所有者Aが死亡し、その相続人は妻のB、子のＣ及びDである。Cが特別受益者であり、受けるべき相続分がないときの相続による所有権移転登記の申請情報。なお、司法書士は、相続人の全員から依頼を受けているものとする。

【申請情報】

登記の目的　所有権移転
原　　　因　令和何年何月何日相続
相続人（被相続人　A）
　何市何町何番地
　持分３分の２　B
　何市何町何番地
　　３分の１　D
添付情報　登記原因証明情報　＊
　住所証明情報（B及びDの住民票の写し）
　代理権限証明情報（B及びDの委任状）
課税価格　金1000万円
登録免許税　金４万円

＊　登記原因証明情報として、No.19-1に記載の戸籍類一式に加えて、特別受益証明書（作成者の印鑑証明書付き）を添付する。

共同相続人の１人である親権者が、他の相続人である未成年者の特別受益証明書を作成することは、利益相反行為に当たらない（先例昭23.12.18-95）。

No.20 代位による相続登記

基本形➡変形

【事例】

甲土地の所有者Aが死亡し、その相続人は、妻のB及び子のCのみである。抵当権者Dが、抵当権の実行による競売の前提として、相続人に代位して相続登記を申請するときの申請情報。

〈平14年、19年記述式〉

【完了後の登記記録（登記事項一部省略）】

権　利　部　（甲区）（所　有　権　に　関　す　る　事　項）			
順位番号	登記の目的	受付年月日・受付番号	権利者その他の事項
2	所有権移転	平成６年11月14日 第55806号	原因　平成６年11月14日売買 所有者　何市何町何番地 A
3	所有権移転	令和何年何月何日 第何号	原因　令和何年何月何日相続 共有者 何市何町何番地 持分２分の１　B 何市何町何番地 ２分の１　C 代位者　何市何町何番地 D 代位原因　平成６年11月14日設定の抵当権の実行による競売

権　利　部　（乙区）（所有権以外の権利に関する事項）			
順位番号	登記の目的	受付年月日・受付番号	権利者その他の事項
1	抵当権設定	平成６年11月14日 第55807号	原因　平成６年11月14日金銭消費貸借同日設定 抵当権者　D

One Point◆ 基本形→変形のコツ

この事例の急所は、代位原因の記載と、代位原因を証する情報の中身です。

【申請情報】

登記の目的	所有権移転
原　　　因	令和何年何月何日相続
相続人（被相続人　A）	
	何市何町何番地
（被代位者）	持分２分の１　B
	何市何町何番地
（被代位者）	２分の１　C
代　位　者	何市何町何番地
	D
代位原因	平成６年11月14日設定の抵当権の実行による競売　＊１
添付情報	登記原因証明情報
	住所証明情報（B及びCの住民票の写し）
	代位原因証明情報（裁判所の競売申立受理証明書）　＊２
	代理権限証明情報（Dの委任状）
課税価格	金1000万円
登録免許税	金４万円

＊１　本事例の代位原因は、「年月日設定の抵当権の実行による競売」である。

＊２　本事例では、代位原因を証する情報として、裁判所の競売申立受理証明書を提供する（先例昭62.3.10-1024）。

＊３　登録免許税は、不動産価額に1000分の４を乗じた額である。

先例

①　債権者代位による登記を更正（または抹消）するときは、代位債権者は、登記上の利害関係を有する第三者に当たる（先例昭39.4.14-1498）。

②　共同相続人Aの債権者Xが、代位によって、相続を原因とする所有権移転登記をした後、Aの持分を目的とする差押えの登記をしたが、Aが債務を弁済したため、Xの差押えの登記が抹消された。その後、所有権の更正登記を申請するときは、代位債権者のXは、登記上の利害関係を有する第三者に当たらない（質疑答研788P123、平29記述）。

→差押えの抹消により、Xは、所有権移転登記につき、登記上の利害関係を失ったためである。

No.21 数次相続

基本形➡変形

【事例】

① 令和何年４月１日、甲土地の所有者Ａが死亡した。その相続人は、子のＢのみである。

② 同年12月３日、Ｂが死亡した。その相続人は、妻のＤ及び子のＥのみである。

③ この場合に、Ａ→ＤＥ名義とする相続登記の申請情報。

【完了後の登記記録（登記事項一部省略）】

権利部（甲区）（所有権に関する事項）			
順位番号	登記の目的	受付年月日・受付番号	権利者その他の事項
2	所有権移転	令和何年何月何日 第何号	原因　令和何年何月何日売買 所有者　何市何町何番地 Ａ
3	所有権移転	令和何年何月何日 第何号	原因　令和何年４月１日Ｂ相続 令和何年12月３日相続 共有者　何市何町何番地 持分２分の１　Ｄ 何市何町何番地 ２分の１　Ｅ

One Point◆ 基本形→変形のコツ

数次相続の事例の急所は、登記原因の書き方です。

【申請情報】

登記の目的　所有権移転
原　　　因　令和何年４月１日Ｂ相続　　＊
　　　　　　令和何年12月３日相続
相続人（被相続人　Ａ）
　　　　　　何市何町何番地
　　　　　　持分２分の１　Ｄ
　　　　　　何市何町何番地
　　　　　　　　２分の１　Ｅ
添付情報　　登記原因証明情報
　　　　　　住所証明情報（Ｄ及びＥの住民票の写し）
　　　　　　代理権限証明情報（Ｄ及びＥの委任状）
課税価格　　金1000万円
登録免許税　金４万円

＊　登記原因の記載は、「第１の相続によりＢがＡを相続し、第２の相続によりＤ及びＥが相続した」ということを意味している。なお、中間の相続が単独相続である場合に限り、１つの申請情報により相続登記を申請することができる（先例明33.3.7-260、昭30.12.16-2670）。

ここに「中間の相続が単独相続である場合」とは、本事例のように中間の相続人が１人だけの場合のほか、共同相続であっても、相続放棄や遺産分割、特別受益等により結果的に相続人が１人となった場合も含む（先例昭30.12.16-2670）。

No.22-1 胎児名義の相続登記

【事例】

甲土地の所有者Aが死亡したことによる相続登記の申請情報。なお、Aの相続人は、妻のＢ及び胎児である。

【完了後の登記記録（一部省略）】

権利部（甲区）（所有権に関する事項）			
順位番号	登記の目的	受付年月日・受付番号	権利者その他の事項
2	所有権移転	令和何年何月何日 第何号	原因　令和何年何月何日相続 共有者　何市何町何番地 　持分２分の１　Ｂ 　何市何町何番地 　　２分の１　Ｂ胎児

【申請情報】

登記の目的　所有権移転
原　　　因　令和何年何月何日相続
相続人（被相続人　Ａ）
　　　　何市何町何番地
　　　　持分２分の１　Ｂ
　　　　何市何町何番地
　　　　　２分の１　Ｂ胎児　　＊
添付情報　登記原因証明情報
　　　　住所証明情報（Ｂの住民票の写し）
　　　　代理権限証明情報（Ｂの委任状）
課税価格　金1000万円
登録免許税　金４万円

＊　胎児の表示として「何某（母の氏名）胎児」と記載する。また、胎児名義とする相続登記は、母親のＢが、胎児の法定代理人的立場で申請する。

No.22-2 胎児が出生した場合の登記（登記名義人の住所氏名の変更の登記）

【事例】

No.22-1の後、胎児が出生したときの申請情報。なお、出生した胎児の氏名はCであり、親権者Bが法定代理人として申請するものとする。

【完了後の登記記録】

権利部（甲区）（所有権に関する事項）			
順位番号	登記の目的	受付年月日・受付番号	権利者その他の事項
2	所有権移転	令和何年何月何日 第何号	原因　令和何年何月何日相続 共有者　何市何町何番地 持分２分の１　B 何市何町何番地 ２分の１　B胎児
付記１号	２番登記名義人住所、氏名変更	令和何年何月何日 第何号	原因　令和何年何月何日出生 共有者B胎児の氏名住所 何市何町何番地　C

【申請情報】

登記の目的　２番所有権登記名義人住所、氏名変更
原　　因　令和何年何月何日出生
変更後の事項　共有者B胎児の氏名住所
何市何町何番地　C
申 請 人　何市何町何番地　C
添付情報　登記原因証明情報
（Cの戸籍全部事項証明書等及び住民票の写し）
代理権限証明情報
（Bの親権を証する戸籍全部事項証明書等及び委任状）
登録免許税　金1000円

死産だったときは、Bの単独名義とする所有権更正登記を申請する。

No.23 遺産分割を原因とする持分移転の登記

【事例】

甲土地の所有者Aが死亡し、法定相続分によるＢＣＤ名義の相続登記がされた後、Ｂ単独所有とする遺産分割協議が成立したため、その旨の登記を所有権の移転の登記によって申請するときの申請情報。

【完了後の登記記録】

権　利　部　（甲区）　（所　有　権　に　関　す　る　事　項）			
順位番号	登記の目的	受付年月日・受付番号	権利者その他の事項
1	所有権保存	年月日第何号	所有者　何市何町何番地　Ａ
2	所有権移転	令和何年何月何日 第何号	原因　令和何年何月何日相続 共有者 何市何町何番地 持分４分の２　Ｂ 何市何町何番地 ４分の１　Ｃ 何市何町何番地 ４分の１　Ｄ
3	Ｃ、Ｄ持分全部移転	令和何年何月何日 第何号	原因　令和何年何月何日遺産分割 所有者　何市何町何番地 持分４分の２　Ｂ

One Point◆ 遺産分割

本事例は、法定相続分による相続登記がされた後のハナシです。また、急所は、申請方式と登録免許税です。以上の点に注意して、申請情報を書いてみましょう。

【申請情報】

登記の目的　C、D持分全部移転　＊1
原　　　因　令和何年何月何日遺産分割　＊2
権　利　者　何市何町何番地　持分４分の２　B　＊3
義　務　者　何市何町何番地　C
　　　　　　何市何町何番地　D
添付情報　登記原因証明情報
　　　　　登記識別情報（C及びDの登記識別情報）
　　　　　住所証明情報（Bの住民票の写し）
　　　　　印鑑証明書（C及びDの印鑑証明書）
　　　　　代理権限証明情報（B、C及びDの委任状）
課税価格　移転した持分の価格　金500万円
登録免許税　金２万円　＊4

＊1　本事例の場合、所有権更正登記によることもできる（後述）。利害関係人の承諾書が得られないなどのケースで、移転登記を申請する実益がある。

＊2　登記原因は、遺産分割協議が成立した日をもって、「年月日遺産分割」とする（先例昭28.8.10-1392）。

＊3　相続登記に準じて、登記権利者のBが単独で申請することもできる（下記の参考を参照）。問題文の事案や指示に応じて、書き分けよう。

＊4　登録免許税の税率は、相続がらみとして、1000分の４である。

参考　単独申請の場合の申請情報（一部省略）

登記の目的　C、D持分全部移転
原　　　因　年月日遺産分割
権利者（申請人）持分４分の２　B
義務者　　　C　D
添付情報　　登記原因証明情報　住所証明情報　代理権限証明情報

No.24 相続分の譲渡

【事例】
甲土地の所有者Ａが死亡したため、法定相続分によるＢＣＤ名義の相続登記をした。その後、Ｃ及びＤが、Ｂに相続分を譲渡したときの申請情報。

【完了後の登記記録（登記事項一部省略）】

権　利　部　（甲区）（所　有　権　に　関　す　る　事　項）			
順位番号	登記の目的	受付年月日・受付番号	権利者その他の事項
1	所有権保存	令和何年何月何日 第何号	所有者　何市何町何番地 Ａ
2	所有権移転	令和何年何月何日 第何号	原因　令和何年何月何日相続 共有者 何市何町何番地 持分４分の２　Ｂ 何市何町何番地 ４分の１　Ｃ 何市何町何番地 ４分の１　Ｄ
3	Ｃ、Ｄ持分全部移転	令和何年何月何日 第何号	原因　令和何年何月何日相続分の贈与（売買） 所有者　何市何町何番地 持分４分の２　Ｂ

One Point◆ 相続分の譲渡

本事例は、相続登記をした後に、相続人間で相続分の譲渡が行われたときの登記手続です。急所は、登録免許税です。

【申請情報】

登記の目的	C、D持分全部移転
原　　　因	令和何年何月何日相続分の贈与（売買）　＊1
権　利　者	何市何町何番地 持分4分の2　B
義　務　者	何市何町何番地 C 何市何町何番地 D
添付情報	登記原因証明情報 登記識別情報（C及びDの登記識別情報） 住所証明情報（Bの住民票の写し） 印鑑証明書（C及びDの印鑑証明書） 代理権限証明情報（B、C及びDの委任状）
課税価格	移転した持分の価格　金500万円
登録免許税	金10万円　＊2

＊1　登記原因は、「相続分の売買」または「相続分の贈与」である。「相続分の譲渡」としてしまわないように、注意しよう。

＊2　登録免許税の税率は、移転した持分の価格の1000分の20である。「相続分の……」とあるから、相続がらみと間違えないように注意しよう。

先例

共同相続の登記をする前に相続人の1人が他の相続人に相続分を譲渡したときは、譲渡後の相続分をもって「相続」を登記原因とする所有権の移転の登記を申請することができる（先例昭59.10.15-5196）。

No.25-1 民法958条の２の審判

相続人不存在シリーズ

【事例】

亡A所有の不動産につき、Aの特別縁故者として、Bへの相続財産の分与の審判が確定した場合に、Bが単独で所有権の移転の登記を申請するときの申請情報。

〈平２年記述式〉

権　利　部　（甲区）　（所　有　権　に　関　す　る　事　項）			
順位番号	登記の目的	受付年月日・受付番号	権利者その他の事項
２	所有権移転	令和何年何月何日 第何号	原因　令和何年何月何日売買 所有者　何市何町何番地 A
付記１号	２番登記名義人氏名変更	令和何年何月何日 第何号	原因　令和何年何月何日相続人不存在 登記名義人　亡A相続財産
３	所有権移転	令和何年何月何日 第何号	原因　令和何年何月何日民法第958条の２の審判 所有者　何市何町何番地 B

One Point◆ 相続人不存在シリーズ

まずは、特別縁故者への財産分与の事例です。急所は、特別縁故者が単独で申請することができる点です。なお、No.25-1、25-2のいずれのケースも、前提として、相続財産法人名義とする登記名義人の氏名変更の登記をすることを要します。その申請情報は、第１編のNo.8で学習済みなので、改めて復習しておきましょう。

【申請情報】

登記の目的	所有権移転
原　　　因	令和何年何月何日民法第958条の２の審判　　＊1
権　利　者	何市何町何番地　　＊2
	（申請人）Ｂ
義　務　者	何市何町何番地
	亡Ａ相続財産
添付情報	登記原因証明情報（審判書正本及び確定証明書）
	住所証明情報（Ｂの住民票の写し）
	代理権限証明情報（Ｂの委任状）
課税価格	金1000万円
登録免許税	金20万円　　＊3

＊1　登記原因の日付は、審判が確定した日である（先例昭37.6.15-1606）。また、登記原因証明情報として、審判書の正本及びその確定証明書を提供する（先例昭37.6.15-1606）。

＊2　この登記は、原則どおり、特別縁故者と相続財産清算人との共同申請によるほか、特別縁故者が単独で申請することもできる（先例昭37.6.15-1606）。

＊3　登録免許税の額は、不動産価額に1000分の20を乗じた額である。

No.25-2 特別縁故者不存在確定の場合

相続人不存在シリーズ

【事例】

不動産の共有者Bが相続人なくして死亡した。その後、特別縁故者からの相続財産の分与の請求の法定期限までに、その請求がなかったことにより、特別縁故者の不存在が確定したときの申請情報。

平成22年記述式

【完了後の登記記録】

権利部（甲区）（所有権に関する事項）			
順位番号	登記の目的	受付年月日・受付番号	権利者その他の事項
2	所有権移転	令和何年何月何日 第何号	原因　令和何年何月何日売買 共有者　何市何町何番地 　持分２分の１　A 　何市何町何番地 　　２分の１　B
付記１号	２番登記名義人氏名変更	令和何年何月何日 第何号	原因　令和何年何月何日相続人不存在 共有者Bの登記名義人 　亡B相続財産
3	亡B相続財産持分全部移転	令和何年何月何日 第何号	原因　令和何年何月何日特別縁故者 　不存在確定 所有者　何市何町何番地 　　持分２分の１　A

One Point◆ 特別縁故者不存在確定

急所は、登記原因の日付と申請方式です。No.25-1と異なり、本事例では、持分が帰属する他の共有者が単独で申請することができない点に注意を要します。

【申請情報】

登記の目的　亡Ｂ相続財産持分全部移転
原　　　因　令和何年何月何日特別縁故者不存在確定　＊１
権 利 者　何市何町何番地
　　　　　持分２分の１　Ａ　＊２
義 務 者　何市何町何番地
　　　　　　亡Ｂ相続財産
添付情報　登記原因証明情報
　　　　　登記識別情報（亡Ｂの登記識別情報）
　　　　　住所証明情報（Ａの住民票の写し）
　　　　　印鑑証明書（相続財産清算人の印鑑証明書）
　　　　　代理権限証明情報（Ａの委任状、相続財産清算人の選任審判書及び相続財産清算人の委任状）
課税価格　移転した持分の価格　金500万円
登録免許税　金10万円　＊３

＊１　登記原因の日付は、下記のとおりである（先例平3.4.12-2398）。
　１　特別縁故者の財産分与の申立てがなかったとき　申立期間の満了日の翌日
　２　財産分与の申立てはあったが、却下になったとき　却下の審判が確定した日の翌日
　この日付は、相続開始の日から９か月経過後の日であることを要する。
＊２　他の共有者Ａと相続財産清算人が、共同で申請する。
＊３　登録免許税の額は、移転した持分の価格に1000分の20を乗じた額である。

No.26-1 所有権移転（合併）

【事例】

Ａ株式会社（代表取締役Ｘ）を消滅会社、株式会社Ｂ（代表取締役Ｙ）を存続会社とする吸収合併契約の効力が生じたことによる所有権の移転の登記の申請情報。

【完了後の登記記録】

権　利　部（甲区）（所　有　権　に　関　す　る　事　項）			
順位番号	登記の目的	受付年月日・受付番号	権利者その他の事項
2	所有権移転	令和何年何月何日 第何号	原因　令和何年何月何日売買 所有者　何市何町何番地 Ａ株式会社 会社法人等番号　1234-56-789012
3	所有権移転	令和何年何月何日 第何号	原因　令和何年何月何日合併 所有者　何市何町何番地 株式会社Ｂ 会社法人等番号　1234-56-789000

One Point ◆ 合併

No.26-1 と 26-2 は、比較して学習しましょう。法人の合併は、自然人の相続と同じように考えることができます。相続登記の申請情報のうち、申請人の部分を置き換えて、添付情報を追加しましょう。

【申請情報】

登記の目的　所有権移転
原　　　因　令和何年何月何日合併　＊1
権利承継者（被合併会社　A株式会社）
何市何町何番地
株式会社B
会社法人等番号　1234-56-789000
代表取締役　Y
添付情報　登記原因証明情報　＊2
住所証明情報　＊3
会社法人等番号
代理権限証明情報（株式会社Bの代表者の委任状）
課税価格　金1000万円
登録免許税　金4万円　＊4

＊1　登記原因の日付は、合併の効力発生日である。
吸収合併→合併契約書に定めた効力発生日
新設合併→設立会社の設立登記の日

＊2　登記原因証明情報として、合併を証する登記事項証明書を提供する。また、会社法人等番号の提供により合併の事実を確認できるときは、これをもって登記事項証明書の提供に代えることができる（不動産登記令別表22添付情報欄、先例平27.10.23-512）。

＊3　会社法人等番号を提供したときは、住所を証する情報の提供を要しない（不動産登記令9条、不動産登記規則36条4項、先例平27.10.23-512）。ただし、この場合でも、添付情報として住所証明情報と記載する。

＊4　登録免許税は、不動産価額に1000分の4を乗じた額である。

リンク　登記事項証明書を提供して申請する場合の申請情報は、No.6-1-1を参考にしよう。

No.26-2 所有権移転（会社分割）

【事例】

Ａ株式会社（代表取締役Ｘ）を分割会社、株式会社Ｂ（代表取締役Ｙ）を承継会社とする吸収分割契約の効力が生じたことによる所有権の移転の登記の申請情報。

【完了後の登記記録】

権　利　部　（甲区）　（所　有　権　に　関　す　る　事　項）			
順位番号	登記の目的	受付年月日・受付番号	権利者その他の事項
2	所有権移転	令和何年何月何日 第何号	原因　令和何年何月何日売買 所有者　何市何町何番地 Ａ株式会社 会社法人等番号　1234-56-789012
3	所有権移転	令和何年何月何日 第何号	原因　令和何年何月何日会社分割 所有者　何市何町何番地 株式会社Ｂ 会社法人等番号　1234-56-789000

One Point◆ 会社分割

会社分割を原因とする所有権の移転の登記は、No.26-1の合併と異なり、承継会社と分割会社が共同で申請します。また、登記原因証明情報にも要注意です。

【申請情報】

登記の目的　所有権移転
原　　　因　令和何年何月何日会社分割　＊1
権　利　者　何市何町何番地
　　株式会社Ｂ
　　会社法人等番号　1234-56-789000
　　　代表取締役　Ｙ
義　務　者　何市何町何番地
　　Ａ株式会社
　　（会社法人等番号　1234-56-789012）
　　　代表取締役　Ｘ
添付情報　登記原因証明情報　＊2
　登記識別情報（Ａ株式会社の登記識別情報）
　住所証明情報
　会社法人等番号
　印鑑証明書（Ａ株式会社の代表者の印鑑証明書）　＊3
　代理権限証明情報（株式会社Ｂの代表者及びＡ株式会社の代表者の委任状）
課税価格　金1000万円
登録免許税　金20万円　＊4

＊1　登記原因の日付は、会社分割の効力発生日である。
吸収分割→分割契約書に定めた効力発生日
新設分割→設立会社の設立登記の日

＊2　会社分割を原因とする所有権移転登記の登記原因証明情報は、以下のとおりである。
1　会社法人等番号を提供して申請する場合（先例平27.10.23-512）
承継会社（設立会社）の会社法人等番号及び分割契約書（分割計画書）
2　登記事項証明書を提供して申請する場合（先例平18.3.29-755）
承継会社（設立会社）の登記事項証明書及び分割契約書（分割計画書）

＊3　印鑑証明書については、第２章のNo.6-1-1を参照しよう。

＊4　登録免許税の額は、不動産価額に1000分の20を乗じた額である。

第4章 所有権の変更の登記

No.27 所有権の変更登記（共有物分割禁止の定め）

【事例】
不動産の共有者ＡＢ間で、５年間は共有物の分割をしないとの特約をした場合の登記の申請情報。

【完了後の登記記録】

権　利　部　（甲区）（所　有　権　に　関　す　る　事　項）			
順位番号	登記の目的	受付年月日・受付番号	権利者その他の事項
２	所有権移転	令和何年何月何日 第何号	原因　令和何年何月何日売買 共有者 何市何町何番地 持分２分の１　Ａ 何市何町何番地 ２分の１　Ｂ
付記１号	２番所有権変更	令和何年何月何日 第何号	原因　令和何年何月何日特約 特約　５年間共有物不分割

One Point◆ 共有物分割禁止の定め

本事例の急所は、共有者の全員が共同して申請する、という特殊な申請方法によるということです（不動産登記法65条。以下、合同申請）。そのほか、添付情報にも注意しておきましょう。

【申請情報】

```
登記の目的　２番所有権変更
原　　　因　令和何年何月何日特約
特　　　約　５年間共有物不分割
申請人（権利者兼義務者）　　＊1
　　　　　　何市何町何番地
　　　　　　　　A
　　　　　　何市何町何番地
　　　　　　　　B
添付情報　　登記原因証明情報
　　　　　　登記識別情報（A及びBの登記識別情報）　＊2
　　　　　　印鑑証明書（A及びBの印鑑証明書）　＊2
　　　　　（承諾を証する情報）　＊3
　　　　　　代理権限証明情報（A及びBの委任状）
登録免許税　金1000円　＊4
```

＊1　共有者の全員が、権利者兼義務者として申請人となる（先例昭50.1.10-16）。

＊2　申請人全員に「義務者としてのカオ」があるから、共有者全員の登記識別情報及び印鑑証明書を提供する。

＊3　登記上の利害関係を有する第三者がいる場合で、その者の承諾があるときは、所有権の変更登記を、付記登記で実行する（不動産登記法66条）。

（利害関係人の例）

共有持分を目的とする抵当権者や差押債権者など。

＊4　登録免許税は、不動産１個につき金1000円である。

No.28 所有権一部移転と共有物分割禁止の定め

【事例】

ＡがＢに、不動産の所有権の一部２分の１を売却するとともに、ＡＢ間で５年間は共有物の分割をしないとの特約をした。この場合に、所有権の一部移転の登記と共有物分割禁止の定めを一の申請情報で申請するときの申請情報。

平４年記述式

【完了後の登記記録（一部省略）】

権　利　部（甲区）（所　有　権　に　関　す　る　事　項）			
順位番号	登記の目的	受付年月日・受付番号	権利者その他の事項
2	所有権移転	令和何年何月何日 第何号	原因　令和何年何月何日売買 所有者　何市何町何番地 Ａ
3	所有権一部移転	令和何年何月何日 第何号	原因　令和何年何月何日売買 特約　５年間共有物不分割 共有者　何市何町何番地 持分２分の１　Ｂ

One Point◆ 一括申請

本事例は、所有権の一部移転の登記と共有物分割禁止の定めを１つの申請情報で申請しています。類似のケースで、一括申請できないパターンとよく比較しておくといいでしょう。

【申請情報】

登記の目的	所有権一部移転
原　　　因	令和何年何月何日売買
特　　　約	５年間共有物不分割　　＊１
権　利　者	何市何町何番地 持分２分の１　B
義　務　者	何市何町何番地 A
添付情報	登記原因証明情報 登記識別情報（Aの登記識別情報） 住所証明情報（Bの住民票の写し） 印鑑証明書（Aの印鑑証明書） 代理権限証明情報（B及びAの委任状）
課税価格	移転した持分の価格　金500万円
登録免許税	金10万円　　＊２

＊１　所有権の一部移転の登記の申請情報に、「特約」として、共有物分割禁止の定めを記載する。

＊２　登録免許税は、移転した持分の価格に1000分の20を乗じた額である。

先例

Ａの土地をＢ及びＣが買い受け、ＢＣ間で共有物分割禁止の特約をしたときは、所有権の移転の登記と共有物分割禁止の登記は、１つの申請情報で申請することができない。このケースでは、以下の２件の登記を申請する（先例昭49.12.27-6686）。

①Ａ→ＢＣへの所有権移転登記（No.6-1）

②ＢＣ間の所有権変更登記（No.27）

第5章 所有権の更正の登記

No.29-1 所有権更正
(単有名義→共有名義の更正)

【事例】

Ａ名義の登記を、Ａ持分２分の１、Ｂ持分２分の１に更正するときの申請情報。

【完了後の登記記録（一部省略）】

権　利　部（甲区）（所　有　権　に　関　す　る　事　項）			
順位番号	登記の目的	受付年月日・受付番号	権利者その他の事項
１	所有権保存	令和何年何月何日 第何号	所有者　何市何町何番地 Ａ
付記１号 ＊	１番所有権更正	令和何年何月何日 第何号	原因　錯誤 共有者 何市何町何番地 持分２分の１　Ａ 何市何町何番地 ２分の１　Ｂ

＊　所有権更正登記は、必ず付記登記で実行する。

One Point◆ 所有権更正登記

更正登記は、誤っている登記を正しく書き直すものです。最初から正しく登記をしていたらどうなっていたのかを思い浮かべながら、更正後の事項を書いてみましょう。

【申請情報】

登記の目的　　１番所有権更正
原　　　因　　錯誤　　＊1
更正後の事項　共有者　何市何町何番地
　　　　　　　　　　　　持分２分の１　A
　　　　　　　　　　　何市何町何番地
　　　　　　　　　　　　　２分の１　B
権　利　者　何市何町何番地
　　　　　　　　B
義　務　者　何市何町何番地
　　　　　　　　A
添付情報　　登記原因証明情報
　　　　　　登記識別情報（Aの登記識別情報）
　　　　　　住所証明情報（Bの住民票の写し）　　＊2
　　　　　　印鑑証明書（Aの印鑑証明書）
　　　　　（承諾を証する情報）　　＊3
　　　　　　代理権限証明情報（B及びAの委任状）
登録免許税　金1000円　　＊4

＊1　登記原因は、単に「錯誤」と記載する。この場合、登記原因の日付の記載は不要である（先例昭39.5.21-425）。

＊2　更正登記により、新たに登記記録に登場するBの住所を証する情報を提供する（質疑登研391P110）。また、登記完了後、Bに登記識別情報が通知される。

＊3　更正する所有権の登記に後れる抵当権者や地上権者など、登記上の利害関係人がいるときは、その承諾を証する情報の提供を要する（不動産登記法68条）。

＊4　登録免許税の額は、不動産１個につき金1000円である。

One Point◆ 更正登記と利害関係人

更正する所有権の登記よりも先順位の者が、登記上の利害関係を有する第三者に当たることはありません（定理）。本事案のように所有権移転登記を更正する場合で、乙区に抵当権等の登記があるときは、両者の受付番号の先後を必ず確認するようにしましょう。

No.29-2 所有権更正
（共有名義→単有名義の更正）

【事例】

Ｂが特別受益者であることが明らかとなったため、ＡＢ共有名義の相続登記を、Ａ単有名義の登記に更正するときの申請情報。

【完了後の登記記録（一部省略）】

権　利　部　（甲区）　（所　有　権　に　関　す　る　事　項）			
順位番号	登記の目的	受付年月日・受付番号	権利者その他の事項
２	所有権移転	令和何年何月何日 第何号	令和何年何月何日売買 所有者　何市何町何番地 Ｃ
３	所有権移転	令和何年何月何日 第何号	令和何年何月何日相続 共有者 何市何町何番地 持分２分の１　Ａ 何市何町何番地 ２分の１　Ｂ
付記１号	３番所有権更正	令和何年何月何日 第何号	原因　錯誤 所有者　何市何町何番地 Ａ

ココをチェックしよう

所有権更正登記の事案では、更正する登記（本事案は甲区３番）の登記原因を必ず確認しよう。相続登記の更正登記を共同申請によってするケースでは、従前の所有権登記名義人は申請人とならない。

One Point◆ 共有名義→単有名義

このケースでは、添付情報に注意しましょう。住所を証する情報を提供すべきかどうか、正確に判断できるようにしておいてください。

【申請情報】

登記の目的　　３番所有権更正
原　　　因　　錯誤
更正後の事項　所有者　何市何町何番地
　　　　　　　　　　　　　　Ａ
権　利　者　何市何町何番地　　＊1
　　　　　　　　　Ａ
義　務　者　何市何町何番地
　　　　　　　　　Ｂ
添付情報　　登記原因証明情報　　＊2
　　　　　　登記識別情報（Ｂの登記識別情報）
　　　　　　印鑑証明書（Ｂの印鑑証明書）
　　　　　（承諾を証する情報）　　＊3
　　　　　　代理権限証明情報（Ａ及びＢの委任状）
登録免許税　金1000円　　＊4

＊1　本事例の所有権更正登記は、原則どおり、共同申請によってする。なお、登記完了後、Ａには登記識別情報が通知される。

＊2　ＡＢ名義をＡ名義に更正するケースでは、登記権利者の住所を証する情報の提供を要しない。

＊3　不動産全体を目的とする抵当権者、Ｂ持分を目的とする抵当権者など、利害関係人がいるときは、その承諾を証する情報の提供を要する（不動産登記法68条）。

＊4　登録免許税の額は、不動産１個につき金1000円である。

No.29-3 所有権更正（特定承継の場合）

A名義の登記を、A持分２分の１、B持分２分の１の共有名義の登記に更正するときの申請情報。

【完了後の登記記録（一部省略）】

権　利　部（甲区）（所　有　権　に　関　す　る　事　項）			
順位番号	登記の目的	受付年月日・受付番号	権利者その他の事項
２	所有権移転	令和何年何月何日 第何号	令和何年何月何日相続 所有者　何市何町何番地 C
３	所有権移転	令和何年何月何日 第何号	令和何年何月何日売買 所有者　何市何町何番地 A
付記１号	３番所有権更正	令和何年何月何日 第何号	原因　錯誤 共有者 何市何町何番地 持分２分の１　A 何市何町何番地 ２分の１　B

ココをチェックしよう

更正する登記（本事案は甲区３番）の登記原因を、必ず確認しよう。

One Point◆ 特定承継による所有権の移転の登記の更正

売買など、特定承継による所有権の移転の登記を更正するときは、申請人に要注意です。過去の登記名義人が申請に関与するという、レアケースとなります。

【申請情報】

登記の目的　　３番所有権更正
原　　　因　　錯誤
更正後の事項　共有者　何市何町何番地
　　　　　　　　　　　持分２分の１　A
　　　　　　　　　　　何市何町何番地
　　　　　　　　　　　　　２分の１　B
権　利　者　何市何町何番地
　　　　　　　　B
義　務　者　何市何町何番地
　　　　　　　　A
　　　　　　何市何町何番地　　＊1
　　　　　　　　C
添付情報　　登記原因証明情報
　　　　　　登記識別情報（Cの甲区２番のもの、Aの甲区３番のもの）
　　　　　　住所証明情報（Bの住民票の写し）
　　　　　　印鑑証明書（A及びCの印鑑証明書）
　　　　　（承諾を証する情報）
　　　　　　代理権限証明情報（B、A及びCの委任状）
登録免許税　金1000円　　＊2

＊1　売買など、特定承継による所有権の移転の登記を更正するときは、従前の登記名義人Cも、登記義務者となる（先例昭40.8.26-2429、先例昭36.10.14-2604）。

＊2　登録免許税の額は、不動産１個につき金1000円である。

No.30 所有権更正 (共有持分のみの更正)

【事例】

A持分５分の２、B持分５分の２、C持分５分の１と登記されている不動産につき、B持分を５分の１、C持分を５分の２と更正するときの申請情報。

【完了後の登記記録（一部省略)】

権　利　部（甲区）（所　有　権　に　関　す　る　事　項）			
順位番号	登記の目的	受付年月日・受付番号	権利者その他の事項
2	所有権移転	令和何年何月何日 第何号	令和何年何月何日相続 所有者　D
3	所有権移転	令和何年何月何日 第何号	令和何年何月何日売買 共有者 何市何町何番地 持分５分の２　A 何市何町何番地 ５分の２　B 何市何町何番地 ５分の１　C
付記１号	３番所有権更正	令和何年何月何日 第何号	原因　錯誤 B持分　５分の１ C持分　５分の２

One Point◆ 持分のみの更正

持分のみを更正するときの急所は、更正後の事項の記載です。登記名義人に変化があるときと異なり、誤りのある持分のみを書き換えれば足ります。また、申請人にも注意を要します。

【申請情報】

登記の目的	３番所有権更正
原　　　因	錯誤
更正後の事項	Ｂ持分　５分の１ Ｃ持分　５分の２
権　利　者	何市何町何番地 Ｃ
義　務　者	何市何町何番地　＊1 Ｂ
添付情報	登記原因証明情報 登記識別情報（Ｂの登記識別情報） 印鑑証明書（Ｂの印鑑証明書） （承諾を証する情報）　＊2 代理権限証明情報（Ｃ及びＢの委任状）
登録免許税	金1000円　＊3

＊1　特定承継による所有権の移転の登記の更正のケースであっても、持分のみの更正のときは、従前の登記名義人のDは、登記義務者とならない。

また、更正の前後を通じて持分が変わらないAは、申請人とならない。

＊2　減少する持分（B持分）を目的とする抵当権者などが利害関係人に該当する。

一方、不動産全体を目的とする抵当権者は、利害関係人に該当しない（先例昭47.5.1-1765）。

＊3　登録免許税の額は、不動産１個につき金1000円である。

No.31 所有権更正
（全部移転→一部移転）

【事例】

Ａ→Ｂへの所有権移転の登記を、所有権一部移転登記（移転した持分は３分の１）に更正するときの申請情報。

【完了後の登記記録（一部省略）】

権　利　部　（甲区）（所　有　権　に　関　す　る　事　項）			
順位番号	登記の目的	受付年月日・受付番号	権利者その他の事項
２	所有権移転	令和何年何月何日 第何号	令和何年何月何日相続 所有者　何市何町何番地 Ａ
３	所有権移転	令和何年何月何日 第何号	令和何年何月何日売買 所有者　何市何町何番地 Ｂ
付記１号	３番所有権更正	令和何年何月何日 第何号	原因　錯誤 登記の目的　所有権一部移転 共有者　何市何町何番地 持分３分の１　Ｂ

One Point◆ 全部移転→一部移転への更正

本事例は、登記の目的も更正するケースです。最初から正しく登記していたら、完了後の登記記録がどうなっていたのかを、よくイメージしながら書いてみましょう。

【申請情報】

登記の目的　　３番所有権更正
原　　　因　　錯誤
更正後の事項　目　的　所有権一部移転
　　　　　　　共有者　何市何町何番地
　　　　　　　　　　　持分３分の１　B
権　利　者　何市何町何番地
　　　　　　　A
義　務　者　何市何町何番地
　　　　　　　B
添付情報　　登記原因証明情報
　　　　　　登記識別情報（Bの登記識別情報）
　　　　　　印鑑証明書（Bの印鑑証明書）
　　　　　（承諾を証する情報）　＊1
　　　　　　代理権限証明情報（A及びBの委任状）
登録免許税　金1000円　＊2

＊1　3番所有権を目的とする抵当権者、地上権者などが、登記上の利害関係人に該当する。
＊2　登録免許税の額は、不動産1個につき金1000円である。

No.32 所有権更正（一部移転→全部移転）

【事例】

Ａ→Ｂへの所有権一部移転の登記を、所有権移転登記に更正するときの申請情報。

【完了後の登記記録（一部省略）】

権利部（甲区）（所有権に関する事項）			
順位番号	登記の目的	受付年月日・受付番号	権利者その他の事項
２	所有権移転	令和何年何月何日 第何号	令和何年何月何日相続 所有者　何市何町何番地 Ａ
３	所有権一部移転	令和何年何月何日 第何号	令和何年何月何日贈与 共有者　何市何町何番地 持分２分の１　Ｂ
付記１号	３番所有権更正	令和何年何月何日 第何号	原因　錯誤 登記の目的　所有権移転 所有者　何市何町何番地 Ｂ

One Point◆ 一部移転→全部移転への更正

一部移転→全部移転への更正の急所は、登録免許税です。

【申請情報】

登記の目的　３番所有権更正
原　　　因　錯誤
更正後の事項　目　的　所有権移転
　　　　　　　所有者　何市何町何番地
　　　　　　　　　　　Ｂ
権　利　者　何市何町何番地
　　　　　　Ｂ
義　務　者　何市何町何番地
　　　　　　Ａ
添付情報　　登記原因証明情報
　　　　　　登記識別情報（Ａの登記識別情報）
　　　　　　印鑑証明書（Ａの印鑑証明書）
　　　　　（承諾を証する情報）
　　　　　　代理権限証明情報（Ｂ及びＡの委任状）
課税価格　　金500万円
登録免許税　金10万円　　＊

＊　登録免許税は、更正により増加する持分の価額に1000分の20を乗じた額である。

No.33-1 所有権更正登記・単独申請（遺産分割）

【事例】

甲土地の所有者Aが死亡し、その相続人は、子のＢＣＤのみである。法定相続分による相続登記をした後に、甲土地をＢが単独で取得する旨の遺産分割協議が成立したため、Ｂが所有権更正登記を単独で申請するときの申請情報。

【申請情報（住所省略）】

登記の目的　何番所有権更正
原　　　因　令和何年何月何日遺産分割　＊1
更正後の事項　所有者　何市何町何番地　B
権利者（申請人）B
義務者　　　C　D
添付情報　登記原因証明情報　＊2
（承諾を証する情報）　＊3
代理権限証明情報
登録免許税　金1000円

＊1　登記原因は、遺産分割協議が成立した日をもって、「年月日遺産分割」とする。なお、遺産分割調停の場合は調停成立の日が、遺産分割審判の場合は審判確定の日が登記原因の日付となる（先例令5.3.28-538）。

＊2　登記原因証明情報として、遺産分割協議書（ＣＤの印鑑証明書付きのもの）を添付する。また、本事例は、共有→単有の更正のケースゆえ、Ｂの住所を証する情報の提供を要しない（No.29-2を参照）。

＊3　相続登記後に抵当権を設定した者など、登記上の利害関係を有する第三者がいるときは、その承諾を証する情報を添付する。

→遺産分割による持分移転登記は、No.23を参照しよう。

No.33-2 所有権更正登記・単独申請（相続放棄）

【事例】

甲土地の所有者Ａが死亡し、その相続人は、子のＢＣのみである。法定相続分による相続登記をした後、Ｃが相続放棄をしたため、Ｂが単独で所有権更正登記を申請するときの申請情報。

【申請情報（住所省略）】

登記の目的	何番所有権更正
原　　因	令和何年何月何日相続放棄　＊1
更正後の事項	所有者　何市何町何番地　Ｂ
権利者（申請人）	Ｂ
義務者	Ｃ
添付情報	登記原因証明情報　＊2 （承諾を証する情報） 代理権限証明情報
登録免許税	金1000円

＊1　登記原因は、相続放棄の申述が受理された日をもって、「年月日相続放棄」とする（先例令5.3.28-538）。

＊2　登記原因証明情報は、相続放棄申述受理証明書および相続を証する市町村長その他の公務員が職務上作成した情報を添付する（先例令5.3.28-538）。

→公務員が職務上作成した情報（戸籍等）がないときはこれに代わるべき情報を添付する。

→戸籍等の添付の趣旨は、相続放棄により次順位の相続人が所有権を取得することがありうるので、更正後の相続人がＢのみで間違いがないかどうかを確認するためである（次順位の相続人が相続人となるときは、抹消登記を申請すべきこととなるため）。

No.33-3 所有権更正登記・単独申請（特定財産承継遺言）

【事例】

甲土地の所有者Ａが死亡し、その相続人は、子のＢＣＤのみである。法定相続分による相続登記をした後に、「甲土地をＢに相続させる」旨の遺言書が発見されたため、Ｂが単独で所有権更正登記を申請するときの申請情報。

【申請情報（住所省略）】

登記の目的	何番所有権更正	
原　　因	令和何年何月何日特定財産承継遺言	＊1
更正後の事項	所有者　何市何町何番地　B	
権利者（申請人）	B	
義務者	C　D	
添付情報	登記原因証明情報	＊2
	（承諾を証する情報）	
	代理権限証明情報	
登録免許税	金1000円	

＊1　登記原因は、特定財産承継遺言である。登記原因の日付は、遺言の効力が生じた日となる（先例令5.3.28-538）。
→遺言は、遺言者の死亡の時にその効力を生じる。停止条件付の場合であって、死亡後に条件が成就したときは、条件成就の時（民法985条）。

＊2　登記原因証明情報として、遺言書（検認を要するときは、その手続を経たもの）を添付する。

No.33-4 所有権更正登記・単独申請（相続人への遺贈）

【事例】

甲土地の所有者Aが死亡し、その相続人は、子のＢＣＤのみである。法定相続分による相続登記をした後に、「甲土地をＢに遺贈する」旨の遺言書が発見されたため、Ｂが単独で所有権更正登記を申請するときの申請情報。

【申請情報（住所省略）】

登記の目的	何番所有権更正
原　　因	令和何年何月何日遺贈　＊1
更正後の事項	所有者　何市何町何番地　Ｂ
権利者（申請人）	Ｂ
義務者	Ｃ　Ｄ
添付情報	登記原因証明情報　＊2
	（承諾を証する情報）
	代理権限証明情報
登録免許税	金1000円

＊1　登記原因は、遺言の効力が生じた日をもって、「年月日遺贈」とする（先例令5.3.28-538）。遺言の効力の発生時期は、No.33-3を参照しよう。

＊2　登記原因証明情報は、遺言書（検認を要するときは、その手続を経たもの）である。

参考

所有権更正登記の単独申請の事案のうち、No.33-3および33-4の更正登記（遺言がらみの更正登記）の申請があったときは、登記官は、登記義務者（上記の事案のＣＤ）に対し、その申請があった旨の通知を要する（不動産登記規則183条４項、先例令5.3.28-538）。

→No.33-1、33-2の所有権更正登記（遺産分割、相続放棄による更正登記）の単独申請の事案においては、通知を要しない。

参考

以下、所有権更正登記の一括申請（登記権利者からの単独申請）の事案をご紹介しよう。基本事例は、次のとおりである。

【基本事例】

甲土地の所有者Aが死亡して、相続人であるＢＣＤの名義で法定相続分による相続登記がされた。

1．Ｃが相続を放棄した後、ＢＤ間で、甲土地をＢが単独で取得する旨の遺産分割協議が成立した。

登記の目的	所有権移転
原　　因	年月日相続放棄、年月日遺産分割　＊
更正後の事項	所有者　何市何町何番地　B
権利者（申請人）	B
義務者	C　D

＊　No.33-1と33-2の合わせ技である。この場合、その双方のケースで必要となる登記原因証明情報を添付する（質疑登研908P31）。

2．Ｃが相続放棄をした後、日を異にして、さらにＤが相続放棄をした。

登記の目的	所有権移転
原　　因	年月日相続放棄、年月日相続放棄　＊
更正後の事項	所有者　何市何町何番地　B
権利者（申請人）	B
義務者	C　D

＊　登記原因証明情報として、ＣとＤのそれぞれの相続放棄申述受理証明書および戸籍等の相続を証する情報を添付する（質疑登研908P31）。

Memo

No.34 所有権更正（相続放棄取消）

【事例】

Ｃが相続放棄を取り消したため、Ａ持分３分の１、Ｂ持分３分の２の名義の登記を、ＡＢＣ各持分３分の１の名義の登記に更正するときの申請情報。

【完了後の登記記録（一部省略）】

権利部（甲区）（所有権に関する事項）			
順位番号	登記の目的	受付年月日・受付番号	権利者その他の事項
1	所有権保存	（省略）	所有者　D
2	所有権移転	令和何年何月何日 第何号	令和何年何月何日相続 共有者 何市何町何番地 持分３分の１　A 何市何町何番地 ３分の２　B
付記１号	２番所有権更正	令和何年何月何日 第何号	原因　令和何年何月何日相続放棄取消 共有者 何市何町何番地 持分３分の１　A 何市何町何番地 ３分の１　B 何市何町何番地 ３分の１　C

One Point◆ 相続放棄取消

本事例の急所は、登記原因です。また、更正の前後で持分に変化のない者がいるときは、その申請人にも要注意です。

【申請情報】

登記の目的　　２番所有権更正
原　　　因　　令和何年何月何日相続放棄取消　　＊1
更正後の事項　共有者　何市何町何番地
　　　　　　　　　　　持分３分の１　A
　　　　　　　　　　　何市何町何番地
　　　　　　　　　　　　３分の１　B
　　　　　　　　　　　何市何町何番地
　　　　　　　　　　　　３分の１　C
権　利　者　何市何町何番地　　＊2
　　　　　　　　C
義　務　者　何市何町何番地
　　　　　　　　B
添付情報　　登記原因証明情報
　　　　　　登記識別情報（Bの登記識別情報）
　　　　　　住所証明情報（Cの住民票の写し）
　　　　　　印鑑証明書（Bの印鑑証明書）
　　　　　（承諾を証する情報）
　　　　　　代理権限証明情報（C及びBの委任状）
登録免許税　金1000円　　＊3

＊1　本事案のように、相続放棄をした者を除いた他の相続人の名義で相続登記をした後、その相続放棄を取り消したことによる更正の登記を申請する場合、その登記原因は「相続放棄取消」である（記録例199）。

＊2　本事案の更正登記は、原則どおり共同申請によってする。また、更正の前後で持分に変化のないAは、申請人とならない。

＊3　登録免許税の額は、不動産１個につき金1000円である。

第6章 所有権移転登記の抹消

No.35-1 所有権移転登記の抹消

基本形

【事例】

A→Bへの所有権の移転の登記を、錯誤により抹消するときの申請情報。

【完了後の登記記録（一部省略）】

権　利　部（甲区）（所　有　権　に　関　す　る　事　項）			
順位番号	登記の目的	受付年月日・受付番号	権利者その他の事項
2	所有権移転	令和何年何月何日 第何号	原因　令和何年何月何日相続 所有者　何市何町何番地 A
3	所有権移転	令和何年何月何日 第何号	原因　令和何年何月何日売買 所有者　何市何町何番地 B
4 ＊	3番所有権抹消	令和何年何月何日 第何号	原因　錯誤

＊　抹消登記は、常に主登記で実行する（定理）。

One Point◆ 所有権抹消

所有権の移転の登記の抹消も、原則どおり、共同申請によります。このときの登記権利者は、前所有権登記名義人です。その点をきちんと理解できていれば、申請情報はサラサラッと書けるはずです。あとは、利害関係人がいるときには、その者の承諾を証する情報の提供を要する点に注意しておきましょう。また、所有権の保存の登記の抹消についても、改めて振り返っておいてください（第1章No.5）。

【申請情報】

```
登記の目的　３番所有権抹消
原　　　因　錯誤
権　利　者　何市何町何番地
　　　　　　　　A
義　務　者　何市何町何番地
　　　　　　　　B
添付情報　　登記原因証明情報
　　　　　　登記識別情報（Bの登記識別情報）
　　　　　　印鑑証明書（Bの印鑑証明書）
　　　　　（承諾を証する情報）　　＊1
　　　　　　代理権限証明情報（A及びBの委任状）
登録免許税　金1000円　　＊2
```

＊1　抹消する登記に後れる抵当権、地上権等の登記名義人など、登記上の利害関係を有する第三者がいるときは、その者の承諾を証する情報の提供を要する（不動産登記法68条）。

→これに対し、抹消する所有権の登記よりも先順位の者は、利害関係人とはならない。受付番号の先後を、必ず確認するようにしよう。

＊2　登録免許税の額は、不動産１個につき金1000円である。

先例

Ａ→Ｂ→Ｃへと売買による所有権の移転の登記がされたが、ＡＢ間及びＢＣ間の売買契約がいずれも無効であるため、登記名義をＡに戻すときは、①ＢからＣへの所有権の移転の登記を抹消した後、②ＡからＢへの所有権の移転の登記の抹消を申請すべきである（先例昭43.5.29-1830）。

→この場合、Ｃの承諾を証する情報を提供して、ＡとＢの共同申請により、ＡからＢへの所有権の移転の登記の抹消を申請することはできない（質疑登研210P48）。

No.35-2 所有権移転登記の抹消（相続登記の抹消）

基本形➡変形

【事例】

Ｂの相続放棄により、Ａ→Ｂへの相続登記を、錯誤により抹消するときの申請情報。なお、次順位の相続人は、Ｃのみである。

【完了後の登記記録（一部省略）】

権利部（甲区）（所有権に関する事項）			
順位番号	登記の目的	受付年月日・受付番号	権利者その他の事項
2	所有権移転	令和何年何月何日 第何号	原因　令和何年何月何日売買 所有者　何市何町何番地 Ａ
3	所有権移転	令和何年何月何日 第何号	原因　令和何年何月何日相続 所有者　何市何町何番地 Ｂ
4	３番所有権抹消	令和何年何月何日 第何号	原因　錯誤

One Point◆ 基本形→変形のコツ

本事例は、所有権の移転の登記の抹消の登記権利者である前所有権登記名義人が、すでに死亡しているケースです。そのため、登記権利者の相続人が代わりに申請します。このあたりの変形作業は、もう容易にできるようになっていることでしょう。また、No.6-2も改めて振り返っておきましょう。なお、本事例では、登記名義をＡに戻した後、ＡからＣへの相続登記を申請することとなります。

【申請情報】

登記の目的	３番所有権抹消
原　　　因	錯誤
権　利　者	何市何町何番地　　　＊1
	（亡）　A
	何市何町何番地
	上記相続人　C
義　務　者	何市何町何番地
	B
添付情報	登記原因証明情報
	登記識別情報（Bの登記識別情報）
	印鑑証明書（Bの印鑑証明書）
	相続を証する情報（Aの戸籍全部事項証明書等）　　＊2
	（承諾を証する情報）
	代理権限証明情報（C及びBの委任状）
登録免許税	金1000円

＊1　相続による所有権の移転の登記の抹消は、被相続人である前所有権の登記名義人を登記権利者、相続登記の登記名義人を登記義務者として共同で申請する。相続登記の登記名義人が単独で申請することはできない（質疑登研333P70）。

→実際には、登記権利者の被相続人に代わって、真実の相続人が登記を申請する（相続人による登記）。

＊2　相続人によって登記を申請するときは、相続を証する情報を提供する（不動産登記令7条1項5号イ）。

先例

相続登記を抹消する場合において、登記権利者に代わって登記を申請する真実の相続人が数人いるときは、そのうちの１人が登記義務者と共同して登記の抹消を申請できる（質疑登研427P99）。

→共有物の保存行為に当たる（民法252条５項）。

No.35-3 仮登記の抹消

基本形➡変形

【事例】

ＡＢ間の売買契約の解除により、Ａ→Ｂへの所有権の移転の仮登記を抹消するときの申請情報。なお、仮登記名義人のＢが、単独で申請するものとする。

【完了後の登記記録（一部省略）】

権利部（甲区）（所有権に関する事項）			
順位番号	登記の目的	受付年月日・受付番号	権利者その他の事項
2	所有権移転	令和何年何月何日 第何号	原因　令和何年何月何日相続 所有者　何市何町何番地 Ａ
3	所有権移転仮登記	令和何年何月何日 第何号	原因　令和何年何月何日売買 権利者　何市何町何番地 Ｂ
	余白抹消	余白抹消	余白抹消
4	３番仮登記抹消	令和何年何月何日 第何号	原因　令和何年何月何日解除

One Point◆ 基本形→変形のコツ

今度は、抹消する登記が仮登記であるケースです。仮登記の抹消は、原則どおり共同申請によるほか、仮登記名義人等が単独で申請することもできます。急所は、仮登記名義人自身が単独抹消するときの添付情報です。

【申請情報】

登記の目的	3番所有権移転仮登記抹消
原　　　因	令和何年何月何日解除
権　利　者	何市何町何番地 A
義　務　者 （申請人）	何市何町何番地 B
添付情報	登記原因証明情報 登記識別情報（Bの登記識別情報）　＊1 印鑑証明書（Bの印鑑証明書） （承諾を証する情報） 代理権限証明情報（Bの委任状）
登録免許税	金1000円　＊2

＊1　仮登記名義人が、単独で仮登記を抹消するときは、登記識別情報と印鑑証明書の提供を要する。

＊2　登録免許税の額は、不動産1個につき金1000円である。

先例

仮登記名義人の承諾があるときは、仮登記の登記上の利害関係人も、単独で仮登記の抹消を申請することができる（不動産登記法110条）。ここでいう「利害関係人」とは次の者をいう。

① 仮登記に基づく本登記により自己の権利が否定される者または不利益を受ける者

② 仮登記の登記義務者（本事例のA。質疑登研46P117）

参考 単独申請と登記識別情報

単独申請にもかかわらず登記識別情報の提供を要するのは、次の3つのケースである。よく確認しておこう。

1．所有権保存登記の抹消

2．仮登記の登記名義人がする仮登記の抹消

3．自己信託による変更登記

No.35-4 仮登記及び本登記の抹消

基本形➡変形

【事例】

ＡＢ間の売買契約の解除により、Ａ→Ｂへの所有権移転仮登記及び本登記の抹消を、一の申請情報によって申請するときの申請情報。

【完了後の登記記録（一部省略）】

権 利 部（甲区）（所 有 権 に 関 す る 事 項）			
順位番号	登記の目的	受付年月日・受付番号	権利者その他の事項
2	所有権移転	令和何年何月何日 第何号	原因　令和何年何月何日相続 所有者　何市何町何番地 A
3	所有権移転仮登記	令和何年何月何日 第何号	原因　令和何年何月何日売買 権利者　何市何町何番地 B
	所有権移転	令和何年何月何日 第何号	原因　令和何年何月何日売買 所有者　何市何町何番地 B
4	３番所有権本登記及び仮登記抹消	令和何年何月何日 第何号	原因　令和何年何月何日解除

One Point◆ 基本形→変形のコツ

本事例は、仮登記の本登記をした後に、その仮登記と本登記の双方を抹消するケースです。この場合、仮登記及び本登記の抹消は、一の申請情報で申請することができます（先例昭36.5.8-1053）。

【申請情報】

登記の目的	３番所有権本登記及び仮登記抹消　＊1
原　　　因	令和何年何月何日解除
権　利　者	何市何町何番地 A
義　務　者	何市何町何番地 B
添付情報	登記原因証明情報 登記識別情報（Ｂの登記識別情報）　＊2 印鑑証明書（Ｂの印鑑証明書） （承諾を証する情報） 代理権限証明情報（Ａ及びＢの委任状）
登録免許税	金1000円　＊3

＊1　登記の目的は、「何番所有権本登記及び仮登記抹消」である（記録例616）。

＊2　このときの登記識別情報は、Ｂが仮登記に基づく本登記をしたときに通知を受けたものを提供すれば足りる（質疑登研391P109）。

＊3　本事例は２つの登記の抹消であるが、不動産は１個なので、登録免許税は金1000円である。

No.35-5 所有権抹消（詐害行為取消判決）

基本形➡変形

【事例】

詐害行為を理由に、AからBに対する不動産の贈与を取り消すとの判決が確定した。この場合に、Aに対して金銭債権を有するCが、判決に基づいて、Aに代位して、A→Bへの所有権移転登記を抹消するときの申請情報。

【完了後の登記記録】

権　利　部（甲区）（所　有　権　に　関　す　る　事　項）			
順位番号	登記の目的	受付年月日・受付番号	権利者その他の事項
2	所有権移転	令和何年何月何日 第何号	原因　令和何年何月何日売買 所有者　何市何町何番地 A
3	所有権移転	令和何年何月何日 第何号	原因　令和何年何月何日贈与 所有者　何市何町何番地 B
4	3番所有権抹消	令和何年何月何日 第何号	原因　令和何年何月何日詐害行為取消判決 代位者　何市何町何番地 C 代位原因　令和何年何月何日金銭消費貸借の強制執行

One Point◆ 基本形→変形のコツ

本事例は、No.6-4の判決による登記と、No.6-5の代位による登記の合わせ技になります。基本形をベースにして、ここまで学習してきた知識をフル活用してみましょう。

【申請情報】

登記の目的　3番所有権抹消
原　　　因　令和何年何月何日詐害行為取消判決　＊1
権　利　者　何市何町何番地
　（被代位者）A
代　位　者　何市何町何番地
　（申請人）C
代位原因　令和何年何月何日金銭消費貸借の強制執行
義　務　者　何市何町何番地
　B
添付情報　登記原因証明情報（判決書正本及び確定証明書）
　代位原因を証する情報（判決書正本及び確定証明書）
　（承諾を証する情報）
　代理権限証明情報（Cの委任状）
登録免許税　金1000円　＊2

＊1　登記原因の日付は、判決確定の日である。
＊2　登録免許税の額は、不動産1個につき金1000円である。

第7章 買戻特約の登記

No.36 買戻特約

【事例】

令和何年12月３日、Ａは、自己所有の甲土地をＢに売却すると同時に、Ｂとの間で、甲土地につき買戻しの特約をした。ＢがＡに現実に支払った代金は金1000万円、契約費用は金10万円であった。この場合に、所有権の移転の登記と同時に申請する買戻特約の登記の申請情報。

【完了後の登記記録】

権　利　部　（甲区）（所　有　権　に　関　す　る　事　項）			
順位番号	登記の目的	受付年月日・受付番号	権利者その他の事項
２	所有権移転	令和何年何月何日 第何号	原因　令和何年何月何日相続 所有者　何市何町何番地 Ａ
３	所有権移転	令和何年12月３日 第12300号	原因　令和何年12月３日売買 所有者　何市何町何番地 Ｂ
付記１号	買戻特約	令和何年12月３日 第12300号	原因　令和何年12月３日特約 売買代金　金1000万円 契約費用　金10万円 買戻権者　何市何町何番地 Ａ

One Point◆ 買戻特約

本事例の急所は、登記事項と添付情報です。また、買戻特約の登記は、所有権の移転の登記と同時申請ですから、受付年月日と受付番号が同じになる点にも注目しましょう（色文字部分）。

【申請情報】

登記の目的	買戻特約	＊1
原　　因	令和何年12月３日特約	
売買代金	金1000万円	＊2
契約費用	金10万円	
権 利 者	何市何町何番地 A	
義 務 者	何市何町何番地 B	
添付情報	登記原因証明情報	＊3
	代理権限証明情報（A及びBの委任状）	
登録免許税	金1000円	＊4

＊1　買戻特約の登記は、A→Bへの所有権の移転の登記と同時に、また、別個の申請情報によって申請することを要する（先例昭35.3.31-712）。

＊2　買戻特約の登記事項は、以下のとおりである（不動産登記法96条）。

絶対的登記事項→売買代金（民法579条の別段の合意をした場合は、その合意により定めた金額）、契約費用

任意的登記事項→買戻期間

＊3　登記識別情報、印鑑証明書、住所証明情報の提供を要しない。

＊4　登録免許税の額は、不動産１個につき金1000円である。

参考 民法579条の別段の合意をしたときの申請情報（一部省略）

登記の目的	買戻特約
原　　因	年月日特約
合意金額	金何万円
契約費用	金何万円
買戻期間	年月日から何年間
権 利 者	何市何町何番地　A
義 務 者	何市何町何番地　B

No.37 買戻権の移転の登記

【事例】
No.36の買戻権者のAが、買戻権をCに売却した場合の買戻権の移転登記の申請情報。

【申請情報】

登記の目的	3番付記1号買戻権移転	＊1
原　　因	令和何年何月何日売買	
権 利 者	何市何町何番地　　C	
義 務 者	何市何町何番地　　A	
添付情報	登記原因証明情報	
	登記識別情報（Aの登記識別情報）	＊2
	印鑑証明書（Aの印鑑証明書）	＊3
	代理権限証明情報（C及びAの委任状）	
登録免許税	金1000円	＊4

＊1　買戻特約の登記は付記登記で実行されるため、登記の目的は「何番付記1号買戻権移転」と記載する。
→登記が完了したときは、「何番付記1号の付記1号」と登記されることとなる（先例平28.6.8-386　登記記録例511）。

＊2　買戻特約の登記が完了した際に通知を受けた甲区3番付記1号の登記識別情報を提供する（No.36参照）。

＊3　所有権を目的とする買戻特約の事案では、買戻権者は「所有権の登記名義人」に当たるものとして、印鑑証明書を添付する（先例昭34.6.20-1131）。

＊4　登録免許税は、不動産1個につき金1000円である。

参考 地上権の買戻しの場合

地上権を目的とする買戻権が移転したときの登記の目的は、「何番地上権付記1号の付記1号買戻権移転」となる。

→地上権移転登記が付記1号、その買戻特約の登記が付記1号の付記1号で登記されるためである。

→上記の買戻権移転登記が完了したときは、「付記1号の付記1号の付記1号」で実行される（記録例512）。

No.38-1 買戻権の抹消登記（買戻期間の満了）

【事例】
買戻期間の満了を登記原因とする買戻特約の抹消登記の申請情報。なお、買戻権者はA、現在の所有権登記名義人はBであり、Aの所在も明らかであるものとする。

【申請情報】

登記の目的　３番付記１号買戻権抹消
原　　因　令和何年何月何日買戻期間満了　＊1
権 利 者　何市何町何番地　B
義 務 者　何市何町何番地　A
添付情報　登記原因証明情報
　　　　　登記識別情報（Aの登記識別情報）
　　　　　印鑑証明書（Aの印鑑証明書）
　　　　　（承諾証明情報）　＊2
　　　　　代理権限証明情報（B及びAの委任状）
登録免許税　金1000円

＊1　登記原因の日付は、買戻期間満了の日の翌日である。
＊2　質権者など、買戻権を目的とする第三者の権利があるときは、その者の承諾を証する情報の提供を要する（不動産登記法68条）。

先例
買戻特約の抹消登記を申請する場合において、買戻権者（登記義務者）の住所または氏名に変更があるときは、その変更を証する情報を提供すれば足り、その前提として、登記名義人の住所等の変更登記の申請を要しない（先例昭31.10.17-2370）。

No.38-2 買戻権の抹消登記 (単独申請の場合)

【事例】

買戻特約付の売買契約の日から10年を経過したため、登記権利者（現在の所有権登記名義人はＢ）が単独で買戻特約の抹消登記を申請するときの申請情報。

【完了後の登記記録例】

権利部（甲区）（所有権に関する事項）			
順位番号	登記の目的	受付年月日・受付番号	権利者その他の事項
3	所有権移転	令和何年何月何日 第何号	原因　令和何年何月何日売買 所有者　何市何町何番地 Ｂ
付記１号	買戻特約	令和何年何月何日 第何号	原因　令和何年何月何日特約 売買代金　金何万円 契約費用　金何万円 買戻権者　何市何町何番地 Ａ
4	３番付記１号買戻権抹消	令和何年何月何日 第何号	原因　不動産登記法第69条の２の規定による抹消

＊　抹消登記は常に主登記。

One Point◆ 買戻権の単独抹消

契約の日から10年を経過した買戻特約の登記は、登記権利者が、単独でその抹消登記を申請することができます（不動産登記法69条の２）。本事案の急所は、登記原因の記載と添付情報です。その点に注意して申請情報を書いてみましょう。

【申請情報】

登記の目的	3番付記1号買戻権抹消
原　　　因	不動産登記法第69条の2の規定による抹消　　＊1
権　利　者	何市何町何番地 （申請人）B
義　務　者	何市何町何番地　　＊2 A
添付情報	代理権限証明情報　　＊3
登録免許税	金1000円

＊1　登記原因は、「不動産登記法第69条の2の規定による抹消」であり、登記原因の日付を要しない点が急所である（先例令5.3.28-538）。

＊2　本事案において、Aの住所や氏名に変更がある場合でも、その変更登記を要しない。この場合、申請情報には、Aの登記記録上の住所を記載すれば足りる（旧住所でオッケーということ。質疑登研908P9）。

→この取扱いは、あくまでも「不動産登記法第69条の2の規定による抹消」を原因とする抹消登記の場合に限定であることに注意を要する。

＊3　契約の日から10年が経過したことは登記記録から明らかとなるため、登記原因証明情報の提供を要しない（不動産登記令7条3項1号）。

参考

法令上、登記原因証明情報の提供を要しないケースは、次のとおりである。

1．契約の日から10年を経過した買戻特約の単独抹消
2．所有権保存登記
　→敷地権付き区分建物に関する法74条2項保存を除く
3．仮処分による失効を登記原因とする抹消登記

No.39 買戻権行使による所有権の移転

【事例】

No.36の買戻特約の登記をした後、Aが、Bに対して適法に買戻権を行使したときの申請情報。

【完了後の登記記録】

権　利　部（甲区）（所　有　権　に　関　す　る　事　項）			
順位番号	登記の目的	受付年月日・受付番号	権利者その他の事項
3	所有権移転	令和何年12月3日 第12300号	原因　令和何年12月3日売買 所有者　何市何町何番地 B
付記1号	買戻特約	令和何年12月3日 第12300号	原因　令和何年12月3日特約 売買代金　金1000万円 契約費用　金10万円 買戻権者　何市何町何番地 A
4	所有権移転	令和何年何月何日 第何号	原因　令和何年何月何日買戻 所有者　何市何町何番地 A
5	3番付記1号買戻権抹消	余白	4番所有権移転登記により令和何年何月何日登記

One Point◆ 買戻権の行使

登記原因を「買戻」とするほかは、所有権移転の基本形そのままです。そのほか、買戻権の行使による登記をしたときは、登記官が、買戻特約の登記を職権で抹消するということを、完了後の登記記録から確認しておくといいでしょう。

【申請情報】

登記の目的	所有権移転
原　　　因	令和何年何月何日買戻　　＊1
権　利　者	何市何町何番地 　　A
義　務　者	何市何町何番地 　　B
添付情報	登記原因証明情報 登記識別情報（Bの登記識別情報） 住所証明情報（Aの住民票の写し） 印鑑証明書（Bの印鑑証明書） 代理権限証明情報（A及びBの委任状）
課税価格	金1000万円
登録免許税	金20万円　　＊2

＊1　登記原因の日付は、買戻しの意思表示が到達した日である。

＊2　登録免許税の額は、不動産価額に1000分の20を乗じた額である。

先例

① 農地について買戻しをするには、農地法所定の許可を要する（先例昭30.2.19-355）。

② 買戻期間内に買戻権行使の意思表示がされたが、買戻期間経過後に農地法所定の許可が到達した場合でも、買戻権の行使による所有権の移転の登記を申請できる。この場合の登記原因の日付は、農地法所定の許可が到達した日である（先例昭42.2.8-293）。

③ 買戻特約に後れる抵当権がある場合、その抵当権は、買戻権の行使により消滅する。この場合、当事者が共同して、抵当権の登記の抹消を申請する（質疑登研448P18）。

→登記官が職権で抹消することはできない（根拠がないため）。

→このときの抵当権の登記の抹消の登記原因は、「買戻権行使による所有権移転」である。

④ 売買契約の日から10年を経過する前に買戻権を実行したが、その登記をしないまま10年を経過したことにより、登記権利者が、単独で「不動産登記法第69条の2の規定による抹消」を原因とする買戻特約の抹消登記をした場合であっても、買戻権者は、登記義務者と共同して、買戻しによる所有権移転登記を申請することができる（質疑登研908P8）。

第3編

抵当権・根抵当権に関する登記

第1章 抵当権・根抵当権の設定の登記

No.1-1 抵当権設定（抵当権者が自然人の場合）

基本形

【事例】

Aが、自己所有の不動産に、Xのために、抵当権を設定したときの申請情報。

【完了後の登記記録】

権　利　部　（甲区）（所　有　権　に　関　す　る　事　項）			
順位番号	登記の目的	受付年月日・受付番号	権利者その他の事項
1	所有権保存	令和何年何月何日 第何号	所有者　何市何町何番地 A

権　利　部　（乙区）（所有権以外の権利に関する事項）			
順位番号	登記の目的	受付年月日・受付番号	権利者その他の事項
1	抵当権設定	令和何年何月何日 第何号	原因　令和何年何月何日金銭消費貸借令和何年何月何日設定 債権額　金1000万円 利息　年３％ 損害金　年14％ 債務者　何市何町何番地 A 抵当権者　何市何町何番地 X

One Point◆ 抵当権と根抵当権

抵当権、根抵当権は、セットで学習すると効率的です。まずは、それぞれの絶対的登記事項を正確に覚えましょう。

【申請情報】

登記の目的	抵当権設定
原　　　因	令和何年何月何日金銭消費貸借令和何年何月何日設定　＊1
債　権　額	金1000万円　＊2
利　　　息	年３％
損　害　金	年14％
債　務　者	何市何町何番地 A
抵当権者	何市何町何番地 X
設　定　者	何市何町何番地 A
添付情報	登記原因証明情報 登記識別情報（Aの登記識別情報） 印鑑証明書（Aの印鑑証明書） 代理権限証明情報（X及びAの委任状）
課税価格	金1000万円
登録免許税	金４万円　＊3

＊1　被担保債権が発生した日付と抵当権設定契約の日付が同じであるときは、「令和何年何月何日金銭消費貸借同日設定」と記載すればよい。

＊2　抵当権の登記の絶対的登記事項は、「債権額」と「債務者」である（不動産登記法83条１項１号・２号）。

＊3　登録免許税は、債権額に1000分の４を乗じた額である。

先例

① 抵当権の債務者が数人の場合であって、連帯債務の関係にあるときは、債務者の表示を「連帯債務者」として登記することができる（先例平28.6.8-386、記録例369）。

② 利息を「無利息」と定めた場合、これは「利息　無利息」という利息の定めであり、登記事項となる（質疑登研470P98）。

→利息に関する定めをしなかった場合には、利息は登記事項とはならない。

③ 利息や損害金に関する定めとして「年365日日割計算」と定めた場合、「利息年何％（年365日日割計算）」と登記することができる（先例昭45.5.8-2192）。

No. 1-1-1 抵当権者が会社法人等番号を有する法人である場合

【申請情報】 会社法人等番号を提供して申請する場合

登記の目的	抵当権設定
原　　因	令和何年何月何日金銭消費貸借同日設定
債 権 額	金1000万円
利　　息	年３％
損 害 金	年14％
債 務 者	何市何町何番地 　A
抵当権者	何市何町何番地 株式会社Ｘ銀行（取扱店　何支店）　＊ （会社法人等番号　1234-56-789012） 　代表取締役　甲
設 定 者	何市何町何番地 　A
添付情報	登記原因証明情報 登記識別情報（Ａの登記識別情報） 会社法人等番号　＊ 印鑑証明書（Ａの印鑑証明書） 代理権限証明情報（株式会社Ｘ銀行の代表者及びＡの委任状）
課税価格	金1000万円
登録免許税	金４万円

＊　申請人が会社法人等番号を有する法人であるときは、その法人の会社法人等番号を提供する（不動産登記令７条１項１号イ）。この場合、申請人の名称に続けて、上記のとおり、会社法人等番号をカッコ書で記載する（先例平27.10.23-512）。また、添付情報欄にも、会社法人等番号と記載する。

No.1-1-2

【申請情報】 登記事項証明書を提供して申請する場合

登記の目的	抵当権設定
原　　　因	令和何年何月何日金銭消費貸借同日設定
債 権 額	金1000万円
利　　　息	年３％
損 害 金	年14％
債 務 者	何市何町何番地 　A
抵当権者	何市何町何番地 株式会社Ｘ銀行（取扱店　何支店） 　代表取締役　甲
設 定 者	何市何町何番地 　A
添付情報	登記原因証明情報 登記識別情報（Ａの登記識別情報） 登記事項証明書（株式会社Ｘ銀行のもの）　＊ 印鑑証明書（Ａの印鑑証明書） 代理権限証明情報（株式会社Ｘ銀行の代表者及びＡの委任状）
課税価格	金1000万円
登録免許税	金４万円

＊　作成後３か月以内の登記事項証明書を提供したときは、会社法人等番号の提供を要しない（不動産登記令７条１項１号、不動産登記規則36条１項各号）。

One Point ◆ 申請人が法人である場合

以後、第３編においても、申請人が会社法人等番号を有する法人であるときは、会社法人等番号を提供する場合の申請情報を示します。登記事項証明書を提供する場合の申請書は、No.1-1-2を参考にして添付情報などを置き換えましょう。

ココをチェックしよう　物上保証

No.1-1の事例のように、債務者と設定者が同じケースを債務者兼設定者といい、下記の登記記録のように、債務者と設定者が異なるケースを物上保証という。

【完了後の登記記録】

権　利　部　（甲区）（所　有　権　に　関　す　る　事　項）			
順位番号	登記の目的	受付年月日・受付番号	権利者その他の事項
1	所有権保存	令和何年何月何日 第何号	所有者　何市何町何番地 A

権　利　部　（乙区）（所有権以外の権利に関する事項）			
順位番号	登記の目的	受付年月日・受付番号	権利者その他の事項
1	抵当権設定	令和何年何月何日 第何号	原因　令和何年何月何日金銭消費貸借同日設定 債権額　金1000万円 利息　年３％ 損害金　年14％ 債務者　何市何町何番地 B 抵当権者　何市何町何番地 X

One Point◆ 本試験の心得

抵当権や根抵当権の登記がある場合、債務者と設定者を必ず確認するクセを付けておいてください。申請人に影響があるほか、相続や弁済などの事実があったときに、どういう登記をすべきかという点にも関係してくるためです。

【申請情報】 No.1-1の物上保証バージョン

登記の目的	抵当権設定
原　　　因	令和何年何月何日金銭消費貸借同日設定
債　権　額	金1000万円
利　　　息	年３％
損　害　金	年14%
債　務　者	何市何町何番地 B
抵 当 権 者	何市何町何番地 X
設　定　者	何市何町何番地　　＊ A
添付情報	登記原因証明情報　　登記識別情報 印鑑証明書　　代理権限証明情報
課税価格	金1000万円
登録免許税	金４万円

＊ 抵当権、根抵当権の設定登記の申請人は、設定者（所有権、地上権等の登記名義人）であって、債務者ではない。物上保証の場合に間違いやすいので、注意しよう。

以下、本書では、特に断りのない限り、債務者兼設定者の事例を前提とします。

No.1-2 根抵当権設定

基本形➡変形

【事例】

Aが、自己所有の不動産に、株式会社X銀行（代表取締役　甲）のために、根抵当権を設定したときの申請情報。なお、取扱店として何支店を登記するものとする。

【完了後の登記記録】

権　利　部　（甲区）（所　有　権　に　関　す　る　事　項）			
順位番号	登記の目的	受付年月日・受付番号	権利者その他の事項
1	所有権保存	令和何年何月何日 第何号	所有者　何市何町何番地 A

権　利　部　（乙区）（所有権以外の権利に関する事項）			
順位番号	登記の目的	受付年月日・受付番号	権利者その他の事項
1	根抵当権設定	令和何年何月何日 第何号	原因　令和何年何月何日設定 極度額　金1000万円 債権の範囲　銀行取引　手形債権 小切手債権 電子記録債権 債務者　何市何町何番地 A 根抵当権者　何市何町何番地 株式会社X銀行 （取扱店　何支店）

One Point◆ 根抵当権

根抵当権は、抵当権と相違して、その設定のときに被担保債権が特定していません。そのため、「極度額」「債権の範囲」「債務者」を決めることとされています。このように、抵当権との違いを意識しながら、申請情報を覚えていきましょう。

【申請情報】

登記の目的	根抵当権設定
原　　　因	令和何年何月何日設定
極　度　額	金1000万円　　＊1
債権の範囲	銀行取引　手形債権　小切手債権　電子記録債権
債　務　者	何市何町何番地 A
根抵当権者	何市何町何番地 株式会社X銀行（取扱店　何支店） （会社法人等番号　1234-56-789012） 代表取締役　甲
設　定　者	何市何町何番地 A
添付情報	登記原因証明情報 登記識別情報（Aの登記識別情報） 会社法人等番号 印鑑証明書（Aの印鑑証明書） 代理権限証明情報（株式会社X銀行の代表者及びAの委任状）
課税価格	金1000万円
登録免許税	金４万円　　＊2

＊1　根抵当権の登記の絶対的登記事項は、「極度額」「債権の範囲」「債務者」である（不動産登記法83条１項２号、88条２項１号）。これらを、根抵当権の三大要素と呼ぶ。

＊2　登録免許税は、極度額に1000分の４を乗じた額である。

先例

① 根抵当権の債務者を「連帯債務者」として登記することはできない（先例昭46.12.24-3630）。
→抵当権と比較しよう（No.1-1の先例参照）。

② 根抵当権の債権の範囲を「銀行取引、手形債権、小切手債権、電子記録債権」とすることができる（民法398条の２第３項、先例平24.4.27-1106）。

③ 債権の範囲を特定債権のみとする根抵当権を設定することはできないが、他の一定の範囲に属する不特定の債権とともに担保するときは、特定債権を債権の範囲に含めることができる。この場合の債権の範囲は、次のとおりとなる（先例昭46.10.4-3230、色文字部分が特定債権）。
「債権の範囲　　売買取引　金銭消費貸借取引　年月日貸付金」

ココをチェックしよう　登記事項

ここでは、抵当権と根抵当権の設定登記のそれぞれの絶対的登記事項、任意的登記事項を確認しておこう。

1　抵当権の登記の登記事項（不動産登記法83条１項、88条１項）

絶対的登記事項	①　債権額 ②　債務者の氏名または名称及び住所
任意的登記事項	①　利息、損害金 ②　債権に付した条件 ③　民法370条ただし書の別段の定め （例）「特約　立木には抵当権の効力は及ばない」 （以下、抵当証券を発行するときに特有のモノ） ④　抵当証券発行の定め ⑤　元本または利息の弁済期または支払場所の定めがあるときは、その定め

2　根抵当権の登記の登記事項（不動産登記法83条１項、88条２項）

絶対的登記事項	①　極度額 ②　債権の範囲 ③　債務者の氏名または名称及び住所
任意的登記事項	①　民法370条ただし書の別段の定め ②　元本確定期日の定め （例）「確定期日　令和何年何月何日」

One Point◆ 根抵当権は、抵当権の亜流

根抵当権は抵当権の一種であり、いわば、その亜流といえます。そのため、この第３編は、原則として、抵当権を基本形、その変形パターンとしての根抵当権、という構成をとっています。以下、この点を頭に入れて学習を進めていきましょう。

ココをチェックしよう　根抵当権の設定契約書

No.1-2 の根抵当権設定登記の事案は、令和２年の本試験の記述式の問題をベースとしたものであり、以下の根抵当権設定契約書が、その問題で示された別紙の内容ほぼそのままです（当事者など一部変更）。この別紙の契約書を見て、改めて申請情報を書いてみると、別紙の目の付けどころが見えてくるでしょう。

【別紙　根抵当権設定契約証書】

根抵当権設定契約証書

令和何年何月何日

何市何町何番地
株式会社Ｘ銀行　御中
（取扱店　何支店）　＊1

住所　何市何町何番地
根抵当権設定者
兼債務者　　　Ａ　＊2

第１条（根抵当権の設定）
根抵当権設定者は、その所有する後記物件の上に、次の要項によって根抵当権を設定いたしました。
1．極度額　　金1000万円　＊3
2．被担保債権の範囲　(1)　銀行取引による一切の債権
(2)　銀行が第三者から取得する手形上、小切手以上の債権
(3)　銀行が第三者から取得する電子記録債権
3．債務者　　何市何町何番地　Ａ
4．確定期日　　定めない
【第２条以下は省略】
物件の表示（甲土地が記載されているものとする）

＊1、＊2　ヒトの確認である。根抵当権者と設定者を確認しよう。

＊3　契約書から根抵当権の登記事項をすばやく読み取っていこう。債権の範囲の銀行取引などは、No.1-2 のような具合にシンプルに記載する。

No.2-1 抵当権設定（求償権担保の場合）

基本形➡変形

【事例】

Aは、株式会社X銀行（代表取締役甲）から金銭を借り受けるにあたり、株式会社Y（代表取締役乙）との間で保証委託契約を締結した。同日、株式会社YとAは、株式会社YがAに対して、将来取得することのある求償権を担保するため、A所有の不動産に抵当権を設定した。このときの抵当権設定登記の申請情報。

平成21年記述式

【完了後の登記記録】

権利部（甲区）（所有権に関する事項）			
順位番号	登記の目的	受付年月日・受付番号	権利者その他の事項
1	所有権保存	令和何年何月何日 第何号	所有者　何市何町何番地 A

権利部（乙区）（所有権以外の権利に関する事項）			
順位番号	登記の目的	受付年月日・受付番号	権利者その他の事項
1	抵当権設定	令和何年何月何日 第何号	原因　令和何年何月何日保証委託契約による求償債権同日設定 債権額　金1000万円 損害金　年14% 債務者　何市何町何番地 A 抵当権者　何市何町何番地 株式会社Y

One Point◆ 基本形→変形のコツ

急所は、抵当権者と被担保債権の発生原因です。また、本事例では、後日、債務者が債権者に弁済したときの抵当権の抹消の登記の登記原因にも注意です。セットで学習しておきましょう。

【申請情報】

登記の目的	抵当権設定
原　　　因	令和何年何月何日保証委託契約による求償債権同日設定　＊1
債　権　額	金1000万円
損　害　金	年14％
債　務　者	何市何町何番地 A
抵当権者	何市何町何番地　＊2 株式会社Y （会社法人等番号　1234-56-789000） 代表取締役　乙
設　定　者	何市何町何番地 A
添付情報	登記原因証明情報 登記識別情報（Aの登記識別情報） 会社法人等番号 印鑑証明書（Aの印鑑証明書） 代理権限証明情報（株式会社Yの代表者及びAの委任状）
課税価格	金1000万円
登録免許税	金４万円

＊1　保証委託契約に基づく将来の求償債権を担保する場合の登記原因は、「年月日保証委託契約による求償債権年月日設定」である（先例昭48.11.1-8118）。

＊2　求償権担保の抵当権の場合、抵当権者は「保証人」である。

本事例の権利関係を図で示すと、以下のとおりとなる。Aは、株式会社YにX銀行への保証人になってもらうことを委託したのである。

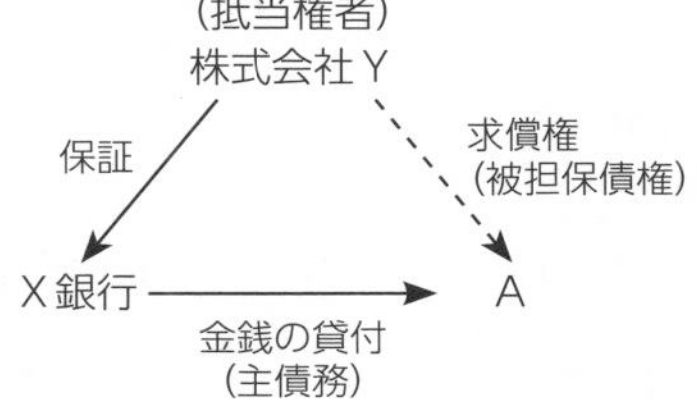

No.2-2 抵当権抹消登記（求償権担保の抵当権の場合）

【事例】

No.2-1 の登記の後、Aが債務の全額を弁済したことによる抵当権抹消登記の申請情報。

【完了後の登記記録】

権　利　部　（甲区）（所　有　権　に　関　す　る　事　項）			
順位番号	登記の目的	受付年月日・受付番号	権利者その他の事項
1	所有権保存	令和何年何月何日 第何号	所有者　何市何町何番地 A

権　利　部　（乙区）（所有権以外の権利に関する事項）			
順位番号	登記の目的	受付年月日・受付番号	権利者その他の事項
1	抵当権設定	令和何年何月何日 第何号	原因　令和何年何月何日保証委託契約による求償債権同日設定 債権額　金1000万円 損害金　年14% 債務者　何市何町何番地 A 抵当権者　何市何町何番地 株式会社Y
2	1番抵当権抹消	令和何年何月何日 第何号	原因　令和何年何月何日主債務消滅

One Point◆ 基本形→変形のコツ

本事例の急所は、登記原因です。保証人の求償権を担保する抵当権に特有の登記原因ですから、しっかり頭に入れておきましょう。

【申請情報】

登記の目的	１番抵当権抹消
原　　　因	令和何年何月何日主債務消滅　　＊1
権　利　者	何市何町何番地 　　A
義　務　者	何市何町何番地 　株式会社Ｙ 　（会社法人等番号　1234-56-789000） 　　代表取締役　乙
添付情報	登記原因証明情報 登記識別情報（株式会社Ｙの登記識別情報） 会社法人等番号 代理権限証明情報（Ａ及び株式会社Ｙの代表者の委任状）
登録免許税	金1000円　　＊2

＊1　主たる債務者が弁済をしたことにより求償債権担保の抵当権の登記の抹消を申請するときの登記原因は、「主債務消滅」である（質疑登研126P43）。

＊2　抹消登記の登録免許税は、不動産１個につき金1000円である。

No.3 抵当権設定（債権の一部を担保する場合）

基本形➡変形

【事例】

Aが、株式会社X銀行（代表取締役　甲）から金3000万円を借り受け、そのうちの金1000万円を担保するために、A所有の不動産に抵当権を設定したときの抵当権設定登記の申請情報。

【完了後の登記記録】

権　利　部　（甲区）（所　有　権　に　関　す　る　事　項）			
順位番号	登記の目的	受付年月日・受付番号	権利者その他の事項
1	所有権保存	令和何年何月何日 第何号	所有者　何市何町何番地 A

権　利　部　（乙区）（所有権以外の権利に関する事項）			
順位番号	登記の目的	受付年月日・受付番号	権利者その他の事項
1	抵当権設定	令和何年何月何日 第何号	原因　令和何年何月何日金銭消費貸借金3000万円のうち金1000万円同日設定 債権額　金1000万円 利息　年３％（年365日日割計算） 損害金　年14％（年365日日割計算） 債務者　何市何町何番地 A 抵当権者　何市何町何番地 株式会社X銀行

本事例では、基本形のうち、被担保債権の発生原因の部分を変形していきましょう。なお、本事例の後続論点は、この後、金3000万円まで抵当権の被担保債権額を増額する変更の登記ができるということです。抵当権の被担保債権額の増額変更をすることができるケースは限られていますから、頭に入れておくといいでしょう。

【申請情報】

登記の目的	抵当権設定
原　　　因	令和何年何月何日金銭消費貸借金3000万円のうち金1000万円同日設定
債　権　額	金1000万円
利　　　息	年３％（年365日日割計算）
損　害　金	年14％（年365日日割計算）
債　務　者	何市何町何番地 A
抵 当 権 者	何市何町何番地 株式会社Ｘ銀行 （会社法人等番号　1234-56-789012） 代表取締役　甲
設　定　者	何市何町何番地 A
添付情報	登記原因証明情報 登記識別情報（Ａの登記識別情報） 会社法人等番号 印鑑証明書（Ａの印鑑証明書） 代理権限証明情報（株式会社Ｘ銀行の代表者及びＡの委任状）
課税価格	金1000万円　　＊
登録免許税	金４万円

＊　課税価格は金3000万円になるのではない点に注意しよう。

No.4-1 抵当権設定（数個の債権を担保する場合）

基本形➡変形

【事例】

債権者Xが、債務者A及びBに対して有する数個の債権を合わせて担保するために、A所有の不動産に1個の抵当権を設定したときの申請情報。

平成6年記述式

【完了後の登記記録（甲区省略）】

権　利　部　（乙区）（所有権以外の権利に関する事項）			
順位番号	登記の目的	受付年月日・受付番号	権利者その他の事項
1	抵当権設定	令和何年何月何日 第何号	原因　（あ）令和何年何月何日金銭消費貸借（い）令和何年何月何日金銭消費貸借令和何年何月何日設定 債権額　金1000万円 内訳　（あ）金700万円 （い）金300万円 利息　（あ）年5％ （い）年7％ 損害金　年14％ 債務者 （あ）何市何町何番地 A （い）何市何町何番地 B 抵当権者　何市何町何番地 X

One Point◆ 基本形→変形のコツ

本事例の急所は、債権者が同一という点です。債権者が異なるときは、数個の債権を合わせて担保するために、1個の抵当権を設定することはできません（先例昭35.12.27-3280）。

【申請情報】

登記の目的	抵当権設定
原　　因	（あ）令和何年何月何日金銭消費貸借（い）令和何年何月何日金銭消費貸借令和何年何月何日設定
債 権 額	金1000万円　＊1
内訳	（あ）金700万円
	（い）金300万円
利　　息	（あ）年５％　＊2
	（い）年７％
損 害 金	年14％　＊2
債 務 者	（あ）何市何町何番地　A　＊3
	（い）何市何町何番地　B
抵 当 権 者	何市何町何番地
	X
設 定 者	何市何町何番地
	A
添付情報	登記原因証明情報
	登記識別情報（Aの登記識別情報）
	印鑑証明書（Aの印鑑証明書）
	代理権限証明情報（X及びAの委任状）
課税価格	金1000万円
登録免許税	金４万円

＊1　債権額は、上記のとおり、合計額と内訳をそれぞれ記載する。

＊2　利息や損害金の内容がそれぞれの債権で相違するときは、債権ごとに記号で特定する。内容が同じであれば、「損害金　年何%」とすれば足りる。

＊3　同一の債権者が有する数個の債権を担保するため、１個の抵当権の設定の登記を申請する場合、それぞれの債権で債務者が異なっていても差し支えない。この場合、債権ごとに債務者を記号で特定する（記録例370）。

No.4-2 根抵当権設定（根抵当権者が複数の場合）

基本形➡変形

【事例】

Aが、自己所有の土地に、X及びYのために1個の根抵当権を設定したときの申請情報。

【完了後の登記記録】

権　利　部　（甲区）（所　有　権　に　関　す　る　事　項）			
順位番号	登記の目的	受付年月日・受付番号	権利者その他の事項
1	所有権保存	令和何年何月何日 第何号	所有者　何市何町何番地 A

権　利　部　（乙区）（所有権以外の権利に関する事項）			
順位番号	登記の目的	受付年月日・受付番号	権利者その他の事項
1	根抵当権設定	令和何年何月何日 第何号	原因　令和何年何月何日設定 極度額　金1000万円 債権の範囲　根抵当権者Xにつき 金銭消費貸借取引 根抵当権者Yにつき 売買取引 債務者　根抵当権者Xにつき 何市何町何番地　A 根抵当権者Yにつき 何市何町何番地　B 根抵当権者 何市何町何番地　X 何市何町何番地　Y

One Point◆ 基本形→変形のコツ

元本確定前の根抵当権には付従性がないことから、異なる債権者のために、1個の根抵当権を設定することができます。この場合、債権者ごとに債権の範囲や債務者を異なることとすることもできます（先例昭46.10.4-3230）。No.4-1の抵当権とよく比較しておきましょう。

【申請情報】

登記の目的	根抵当権設定
原　　　因	令和何年何月何日設定
極　度　額	金1000万円
債権の範囲	根抵当権者Xにつき　金銭消費貸借取引
	根抵当権者Yにつき　売買取引
債　務　者	根抵当権者Xにつき
	何市何町何番地　　A
	根抵当権者Yにつき
	何市何町何番地　　B
根抵当権者	何市何町何番地　　＊
	X
	何市何町何番地
	Y
設　定　者	何市何町何番地
	A
添付情報	登記原因証明情報
	登記識別情報（Aの登記識別情報）
	印鑑証明書（Aの印鑑証明書）
	代理権限証明情報（X、Y及びAの委任状）
課税価格	金1000万円
登録免許税	金４万円

＊　数人が共有する根抵当権の設定の登記を申請する場合、各共有者の持分の記載を要しない（不動産登記令３条９号カッコ書、先例昭46.10.4-3230）。

参考 持分の記載を要しないものは、次のとおりである。

1　根質権、根抵当権の登記（元本確定前）
2　信託の登記
3　処分の制限の登記
4　地役権の設定の登記

No.5-1 共同抵当権の設定

基本形

【事例】

甲土地の所有者Ａ及び乙土地の所有者Ｂが、株式会社Ｘ銀行（代表取締役甲）のために、共同抵当権を設定したときの申請情報。なお、甲土地及び乙土地は、同一の登記所の管轄区域内にあり、一つの申請情報によって申請するものとする。

【完了後の甲土地の登記記録（共同担保目録は省略）】

権　利　部　（甲区）（所　有　権　に　関　す　る　事　項）			
順位番号	登記の目的	受付年月日・受付番号	権利者その他の事項
1	所有権保存	令和何年何月何日 第何号	所有者　何市何町何番地 Ａ

（※）乙土地の所有者は「何市何町何番地　Ｂ」である。

権　利　部　（乙区）（所有権以外の権利に関する事項）			
順位番号	登記の目的	受付年月日・受付番号	権利者その他の事項
1	抵当権設定	令和何年何月何日 第何号	原因　令和何年何月何日金銭消費貸借同日設定 債権額　金1000万円 利息　年３％ 損害金　年14％ 債務者　何市何町何番地 Ａ 抵当権者　何市何町何番地 株式会社Ｘ銀行 共同担保　目録（あ）第123号

One Point◆ 共同抵当権

共同抵当権の設定の場合、不動産の表示の部分に複数の不動産を記載するほか、申請情報そのものは、No.1-1の基本形と相違しません。なお、共同担保の場合、登記の目的が同一であれば一括申請できます（不動産登記規則35条10号）。

【申請情報】

登記の目的　抵当権設定
原　　　因　令和何年何月何日金銭消費貸借同日設定　＊1
債　権　額　金1000万円
利　　　息　年３％
損　害　金　年14％
債　務　者　何市何町何番地
　　　　A
抵 当 権 者　何市何町何番地
株式会社Ｘ銀行
（会社法人等番号　1234-56-789012）
　代表取締役　甲
設　定　者　何市何町何番地
　　　　A
何市何町何番地
　　　　B
添付情報　登記原因証明情報
登記識別情報（Ａ及びＢの登記識別情報）
会社法人等番号
印鑑証明書（Ａ及びＢの印鑑証明書）
代理権限証明情報（株式会社Ｘ銀行の代表者、Ａ及びＢの委任状）
課税価格　金1000万円
登録免許税　金４万円　＊2
不動産の表示　甲土地　（詳細省略）
　所有者　A
乙土地　（詳細省略）
　所有者　B

＊1　不動産ごとに設定日付が異なるときでも、一の申請情報で申請できる（不動産登記規則35条10号）。この場合、「原因　令和何年何月何日金銭消費貸借の設定（設定日付は後記のとおり）」とし、不動産の表示の部分に、不動産ごとの設定日付を記載する。
＊2　登録免許税は、債権額に1000分の４を乗じた額である。

No.5-2 共同根抵当権の設定

基本形➡変形

【事例】

甲土地の所有者A及び乙土地の所有者Bが、株式会社X銀行（代表取締役甲）のために、共同根抵当権を設定したときの申請情報。なお、甲土地及び乙土地は、同一の登記所の管轄区域内にあり、一つの申請情報によって申請するものとする。

【完了後の甲土地の登記記録（共同担保目録は省略）】

権　利　部　（甲区）（所　有　権　に　関　す　る　事　項）			
順位番号	登記の目的	受付年月日・受付番号	権利者その他の事項
1	所有権保存	令和何年何月何日 第何号	所有者　何市何町何番地 A

（※）乙土地の所有者は「何市何町何番地　B」である。

権　利　部　（乙区）（所有権以外の権利に関する事項）			
順位番号	登記の目的	受付年月日・受付番号	権利者その他の事項
1	根抵当権設定	令和何年何月何日 第何号	原因　令和何年何月何日設定 極度額　金1000万円 債権の範囲　銀行取引　手形債権 小切手債権 電子記録債権 債務者　何市何町何番地 A 根抵当権者　何市何町何番地 株式会社X銀行 共同担保　目録（あ）第123号

One Point◆ 基本形→変形のコツ

共同根抵当権の設定の場合は、登記の目的を「共同」根抵当権設定とする点が、No.5-1の共同抵当権と相違します。

【申請情報】

登記の目的　共同根抵当権設定　＊1
原　　　因　令和何年何月何日設定
極　度　額　金1000万円
債権の範囲　銀行取引　手形債権　小切手債権　電子記録債権
債　務　者　何市何町何番地
　　　　　　A
根抵当権者　何市何町何番地
　　　　　　株式会社X銀行
　　　　　　（会社法人等番号　1234-56-789012）
　　　　　　代表取締役　甲
設　定　者　何市何町何番地
　　　　　　A
　　　　　　何市何町何番地
　　　　　　B
添付情報　登記原因証明情報
　　　　　　登記識別情報（A及びBの登記識別情報）
　　　　　　会社法人等番号
　　　　　　印鑑証明書（A及びBの印鑑証明書）
　　　　　　代理権限証明情報（株式会社X銀行の代表者、A及びBの委任状）
課税価格　金1000万円
登録免許税　金4万円　＊2
不動産の表示　甲土地　（詳細省略）
　　　　　　所有者　A
　　　　　　乙土地　（詳細省略）
　　　　　　所有者　B

＊1　登記の目的は、「共同根抵当権設定」である（先例昭46.12.24-3630）。
＊2　登録免許税は、極度額に1000分の4を乗じた額である。

No.6-1 共同抵当権の追加設定

基本形

【事例】

乙土地の所有者Aは、株式会社X銀行（代表取締役　甲）との間で、甲土地に設定した抵当権と同一の債権を担保するため、乙土地に抵当権を追加設定する旨の契約を締結した。このときの抵当権の追加設定登記の申請情報。

【乙土地の完了後の登記記録（乙区のみ、共同担保目録は省略）】

権　利　部　（乙区）（所有権以外の権利に関する事項）			
順位番号	登記の目的	受付年月日・受付番号	権利者その他の事項
1	抵当権設定	令和何年何月何日 第何号	原因　令和何年何月何日金銭消費貸借令和何年何月何日設定 債権額　金1000万円 利息　年３％ 損害金　年14％ 債務者　何市何町何番地　A 抵当権者　何市何町何番地 株式会社X銀行 共同担保　目録（あ）第123号

【甲土地の完了後の登記記録（乙区のみ、登記事項一部省略）】

権　利　部　（乙区）（所有権以外の権利に関する事項）			
順位番号	登記の目的	受付年月日・受付番号	権利者その他の事項
1	抵当権設定	令和何年何月何日 第何号	原因　年月日金銭消費貸借同日設定 抵当権者　株式会社X銀行
付記１号	１番抵当権担保追加	余白	共同担保　目録（あ）第123号

One Point◆ 抵当権の追加設定

抵当権の追加設定の登記の申請情報は、添付情報と登録免許税を除いて、通常の抵当権の設定の登記の基本形と異なるところは特にありません。

【申請情報】

登記の目的　抵当権設定
原　　　因　令和何年何月何日金銭消費貸借令和何年何月何日設定
債　権　額　金1000万円
利　　　息　年３％
損　害　金　年14%
債　務　者　何市何町何番地
　　　　A
抵 当 権 者　何市何町何番地
　　　株式会社X銀行
　　　(会社法人等番号　1234-56-789012)
　　　　代表取締役　甲
設　定　者　何市何町何番地
　　　　A
添付情報　登記原因証明情報
　　登記識別情報（Aの登記識別情報）
　　会社法人等番号
　　印鑑証明書（Aの印鑑証明書）
　　登記証明書（甲土地の登記事項証明書）　＊1
　　代理権限証明情報(株式会社X銀行の代表者及びAの委任状)
登録免許税　金1500円（登録免許税法第13条第２項）　＊2
不動産の表示　乙土地の表示　（詳細省略）
前登記の表示　何市何町何番地の土地　順位番号何番

＊1　甲土地と乙土地の管轄登記所が同一であるときは、登記証明書の提供を省略することができる（先例昭44.5.29-594）。

＊2　申請情報と合わせて登記証明書を提供したときは、登録免許税は、不動産１個につき金1500円となる。この場合、カッコ書で減税の根拠条文を記載する（規則189条３項）。

No.6-2 共同根抵当権の追加設定

基本形➡変形

【事例】

乙土地の所有者Aは、株式会社X銀行（代表取締役　甲）との間で、甲土地に設定した根抵当権の追加担保として、乙土地に根抵当権を追加設定する旨の契約を締結した。このときの共同根抵当権の追加設定登記の申請情報。

【乙土地の完了後の登記記録（乙区のみ、共同担保目録は省略）】

権　利　部　（乙区）（所有権以外の権利に関する事項）			
順位番号	登記の目的	受付年月日・受付番号	権利者その他の事項
1	根抵当権設定	令和何年何月何日 第何号	原因　令和何年何月何日設定 極度額　金1000万円 債権の範囲　銀行取引　手形債権 小切手債権 債務者　何市何町何番地　A 根抵当権者　何市何町何番地 株式会社X銀行 共同担保　目録（あ）第123号

【甲土地の完了後の登記記録（乙区のみ、登記事項一部省略）】

権　利　部　（乙区）（所有権以外の権利に関する事項）			
順位番号	登記の目的	受付年月日・受付番号	権利者その他の事項
1	根抵当権設定	令和何年何月何日 第何号	原因　令和何年何月何日設定 根抵当権者　株式会社X銀行
付記1号	1番根抵当権担保追加	余白	共同担保　目録（あ）第123号

One Point◆ 基本形→変形のコツ

共同根抵当権の追加設定の登記と、共同抵当権の追加設定の登記の申請情報では、登記の目的の記載が相違します。

【申請情報】

登記の目的　共同根抵当権設定（追加）　＊1
原　　　因　令和何年何月何日設定
極　度　額　金1000万円
債権の範囲　銀行取引　手形債権　小切手債権
債　務　者　何市何町何番地
　　　　　　　A
根抵当権者　何市何町何番地
　　　　　　　株式会社Ｘ銀行
　　　　　　（会社法人等番号　1234-56-789012）
　　　　　　　代表取締役　甲
設　定　者　何市何町何番地
　　　　　　　A
添付情報　　登記原因証明情報
　　　　　　登記識別情報（Ａの登記識別情報）
　　　　　　会社法人等番号
　　　　　　印鑑証明書（Ａの印鑑証明書）
　　　　　　前登記証明書（甲土地の登記事項証明書）　＊2
　　　　　　代理権限証明情報（株式会社Ｘ銀行の代表者及びＡの委任状）
登録免許税　金1500円（登録免許税法第13条第２項）
不動産の表示　乙土地の表示　（詳細省略）
前登記の表示　何市何町何番地の土地　順位番号何番

＊1　登記の目的は、「共同根抵当権設定（追加）」である。
＊2　甲土地と乙土地の管轄が異なる場合、根抵当権の内容が同一であることの証明文書として、前登記証明書を提供する（不動産登記令別表56添付情報欄）。

先例

共同根抵当権の追加設定の契約書に、根抵当権の目的である乙土地、乙土地に根抵当権が設定された旨、根抵当権の内容、すでに根抵当権設定登記がされている法務局や受付番号などが明らかとなっていれば、最初に根抵当権の設定登記をした甲土地の表示の記載がなくても、この追加設定契約書を登記原因証明情報として提供することができる（質疑登研769P108、令２年記述式）。

第2章 抵当権・根抵当権の変更（絶対的登記事項の変更）

No.7-1 抵当権の債権額の増額変更　基本形

【事例】

令和何年12月１日、抵当権者の株式会社Ｙ（代表取締役　乙）と抵当権設定者のＡとの間で、１番抵当権の債権額を、金1000万円から金1500万円とする変更契約を締結した。同月３日、この変更につき、利害関係人の承諾を得た。このときの抵当権の変更の登記の申請情報。

【完了後の登記記録（乙区のみ）】

権　利　部　（乙区）（所有権以外の権利に関する事項）			
順位番号	登記の目的	受付年月日・受付番号	権利者その他の事項
1	抵当権設定	令和何年何月何日 第何号	原因　令和何年何月何日金銭消費貸借金1500万円のうち金1000万円同日設定 債権額　金1000万円 損害金　年14％ 債務者　何市何町何番地 Ａ 抵当権者　何市何町何番地 株式会社Ｙ
付記１号	１番抵当権変更	令和何年何月何日 第何号	原因　令和何年12月１日変更 債権額　金1500万円

One Point◆ 抵当権の債権額の増額変更のポイント

抵当権の債権額の変更は、根抵当権の極度額の変更と比較して学習しましょう。抵当権の債権額の変更登記は、不動産登記法66条により、主登記で実行する場合があります。しかし、根抵当権の極度額の変更登記は、必ず、付記登記で実行します。

【申請情報】

登記の目的	１番抵当権変更
原　　　因	令和何年12月１日変更　　＊1
変更後の事項	債権額　金1500万円
権　利　者	何市何町何番地 株式会社Ｙ （会社法人等番号　1234-56-789000） 　代表取締役　乙
義　務　者	何市何町何番地 　　A
添付情報	登記原因証明情報 登記識別情報（Ａの登記識別情報） 会社法人等番号 印鑑証明書（Ａの印鑑証明書） 承諾を証する情報　　＊２ 代理権限証明情報（株式会社Ｙの代表者及びＡの委任状）
課税価格	金500万円
登録免許税	金２万円　　＊３

＊１　登記原因の日付は、契約をした「令和何年12月１日」である。抵当権の債権額の変更の登記においては、契約の日よりも後に利害関係人の承諾を得たときでも、登記原因の日付が承諾を得た日にズレることはないことに注意を要する。

＊２　後順位抵当権者など、登記上の利害関係人がいる場合、その者の承諾を証する情報を提供したときは付記で、これを提供しないときは主登記で変更登記を実行する。

　また、利害関係人がいないときは、付記登記で実行する。

＊３　登録免許税は、増加した債権額に1000分の４を乗じた額である。

先例

債権の一部を担保するための抵当権の設定の登記（**No.3**参照）をした後、債権額をその債権の総額とする抵当権の変更の登記を申請することができる（質疑登研119P39）。

No.7-2 根抵当権の極度額の増額変更

基本形➡変形
元本確定前・後

【事例】

令和何年12月１日、根抵当権者の株式会社Ｘ銀行（代表取締役　甲）と、根抵当権設定者のＡとの間で、１番根抵当権の極度額を金1000万円から金2000万円に増額するとの変更契約を締結した。同月３日、この変更につき、利害関係人の承諾を得た。このときの根抵当権の変更の登記の申請情報。

【完了後の登記記録】

権　利　部　（甲区）（所　有　権　に　関　す　る　事　項）			
順位番号	登記の目的	受付年月日・受付番号	権利者その他の事項
1	所有権保存	令和何年何月何日 第何号	所有者　何市何町何番地 Ａ

権　利　部　（乙区）（所有権以外の権利に関する事項）			
順位番号	登記の目的	受付年月日・受付番号	権利者その他の事項
1	根抵当権設定	令和何年何月何日 第何号	原因　令和何年何月何日設定 極度額　金1000万円 債権の範囲　銀行取引　手形債権 小切手債権 債務者　何市何町何番地 Ａ 根抵当権者　何市何町何番地 株式会社Ｘ銀行
付記１号	１番根抵当権変更	令和何年何月何日 第何号	原因　令和何年12月３日変更 極度額　金2000万円

One Point◆ 基本形→変形のコツ

根抵当権の極度額の変更では、利害関係人の承諾が、登記原因の日付に影響を与えることがあります。また、利害関係人がいるときは、その承諾を証する情報の提供が必須ですから、完了後の登記は常に付記登記となります。以上の点に注意して、No.7-1とよく対比しながら、申請情報を書いてみましょう。

【申請情報】

登記の目的　1番根抵当権変更　＊1
原　　因　令和何年12月3日変更　＊2
変更後の事項　極度額　金2000万円
権 利 者　何市何町何番地
　株式会社X銀行
　（会社法人等番号　1234-56-789012）
　　代表取締役　甲
義 務 者　何市何町何番地
　A
添付情報　登記原因証明情報
　登記識別情報（Aの登記識別情報）
　会社法人等番号
　印鑑証明書（Aの印鑑証明書）
　承諾を証する情報　＊3
　代理権限証明情報（株式会社X銀行の代表者及びAの委任状）
課税価格　金1000万円
登録免許税　金4万円　＊4

＊1　共同根抵当権の場合は、登記の目的を「1番共同根抵当権変更」とする。

＊2　登記原因の日付は、承諾を得た「令和何年12月3日」である。根抵当権の極度額を変更する場合において、契約の日よりも後に利害関係人の承諾を得たときは、登記原因の日付が、承諾を得た日にズレる。

＊3　後順位抵当権者などの利害関係人がいるときは、その者の承諾を証する情報の提供を要する（不動産登記令7条1項5号ハ）。このため、根抵当権の極度額の変更の登記は、常に付記登記で実行する（先例昭46.10.4-3230）。主登記になることはあり得ない。

＊4　登録免許税は、増加した極度額に1000分の4を乗じた額である。

No.8-1 抵当権の債権額の減額変更

基本形➡変形

【事例】

債務者のAが、抵当権者のXに対して負担する債務の一部400万円を弁済したことによる抵当権の債権額の変更の登記の申請情報。

【申請情報】

登記の目的　1番抵当権変更
原　　因　令和何年何月何日一部弁済
変更後の事項　債権額　金600万円
権利者　何市何町何番地　＊1
　A
義務者　何市何町何番地
　X
添付情報　登記原因証明情報
　登記識別情報（Xの登記識別情報）
　（承諾を証する情報）　＊2
　代理権限証明情報（A及びXの委任状）
登録免許税　金1000円　＊3

＊1　申請人は、抵当権設定者が登記権利者、抵当権者が登記義務者である。

＊2　転抵当権者などの利害関係人がいる場合で、その者の承諾を証する情報を提供したときは付記で、これを提供しないときは主登記で変更登記を実行する（不動産登記法66条）。利害関係人がいないときは、付記登記で実行される。

＊3　登録免許税は、不動産1個につき金1000円である。

No.8-2 根抵当権の極度額の減額変更

基本形➡変形
元本確定前・後

【事例】

令和何年12月1日、根抵当権者の株式会社X銀行(代表取締役　甲)と、根抵当権設定者のAとの間で、1番根抵当権の極度額を金2000万円から金1000万円に減額するとの変更契約を締結した。同月3日、利害関係人の承諾を得た。このときの根抵当権の変更登記の申請情報。

【申請情報】

登記の目的　1番根抵当権変更
原　　因　令和何年12月3日変更
変更後の事項　極度額　金1000万円
権 利 者　何市何町何番地
　　A
義 務 者　何市何町何番地
　　株式会社X銀行
　　(会社法人等番号　1234-56-789012)
　　代表取締役　甲
添付情報　登記原因証明情報
　登記識別情報(株式会社X銀行の登記識別情報)
　会社法人等番号
　承諾を証する情報　＊1
　代理権限証明情報(A及び株式会社X銀行の代表者の委任状)
登録免許税　金1000円　＊2

＊1　極度額の減額変更の事案では、転抵当権者などが利害関係人に該当する。
＊2　登録免許税は、不動産1個につき金1000円である。

No.9-1 抵当権の債務者の変更（債務引受）

基本形

【事例】

抵当権者の株式会社X銀行（代表取締役　甲）とAおよびBの間で、1番抵当権の被担保債務についてBを引受人とする免責的債務引受の合意が成立し、これと同時に、X銀行が、引受人Bが負担する債務に抵当権を移す旨の意思表示をしたときの抵当権の変更登記の申請情報。

【完了後の登記記録】

権　利　部　（甲区）（所　有　権　に　関　す　る　事　項）			
順位番号	登記の目的	受付年月日・受付番号	権利者その他の事項
1	所有権保存	令和何年何月何日 第何号	所有者　何市何町何番地 B

権　利　部　（乙区）（所有権以外の権利に関する事項）			
順位番号	登記の目的	受付年月日・受付番号	権利者その他の事項
1	抵当権設定	令和何年何月何日 第何号	原因　令和何年何月何日金銭消費貸借同日設定 債権額　金1000万円 利息　年3％ 損害金　年14％ 債務者　何市何町何番地 A 抵当権者　何市何町何番地 株式会社X銀行
付記1号	1番抵当権変更	令和何年何月何日 第何号	原因　令和何年何月何日免責的債務引受 債務者　何市何町何番地 B

One Point◆ 債務者の変更

抵当権の債務者の変更登記の急所は、添付情報です。債務者の変更も、根抵当権と比較しながら学習すると効率的です。

【申請情報】

登記の目的　　１番抵当権変更
原　　　因　　令和何年何月何日免責的債務引受　　＊1
変更後の事項　債務者　何市何町何番地
　　　　　　　　　　　B
権　利　者　　何市何町何番地
　　　　　　　　株式会社Ｘ銀行
　　　　　　　　（会社法人等番号　1234-56-789012）
　　　　　　　　　代表取締役　甲
義　務　者　　何市何町何番地
　　　　　　　　　B
添付情報　　登記原因証明情報　　＊2
　　　　　　登記識別情報（Ｂの登記識別情報）
　　　　　　会社法人等番号
　　　　　　代理権限証明情報（株式会社Ｘ銀行の代表者及びＢの委任状）
登録免許税　金1000円　　＊3

＊1　登記原因の日付は、次のとおり（先例令2.3.31-328）。
　①　債権者、債務者、引受人の三面契約の場合→契約成立の日
　②　債権者と引受人との契約の場合→債権者から債務者への通知の到達日
　③　債務者と引受人との契約の場合→債権者の承諾の日
＊2　抵当権の債務者の変更の登記を申請する場合、所有権の登記名義人が登記義務者となるときであっても、原則として、印鑑証明書の提供を要しない。
　→登記義務者の登記識別情報を提供できないときは、印鑑証明書の提供を要する。
＊3　登録免許税は、不動産１個につき金1000円である。

参考 併存的債務引受の場合

当事者が、併存的債務引受をしたときは、申請情報の登記原因と変更後の事項を次のとおり置き換えよう。

原　　　因　　年月日併存的債務引受
追加する事項　連帯債務者　何市何町何番地　B

登記原因の日付は、抵当権者と設定者の合意の効力が生じた日である（先例令2.3.31-328）。

No.9-2 元本確定前の根抵当権の債務者の変更

基本形➡変形

元本確定前

【事例】

根抵当権者の株式会社X銀行（代表取締役　甲）と、根抵当権設定者のAとの間で、元本確定前の１番根抵当権の債務者をAからBに変更する合意が成立したときの根抵当権の変更登記の申請情報。

【完了後の登記記録】

権　利　部　（甲区）（所　有　権　に　関　す　る　事　項）			
順位番号	登記の目的	受付年月日・受付番号	権利者その他の事項
1	所有権保存	令和何年何月何日 第何号	所有者　何市何町何番地 A

権　利　部　（乙区）（所有権以外の権利に関する事項）			
順位番号	登記の目的	受付年月日・受付番号	権利者その他の事項
1	根抵当権設定	令和何年何月何日 第何号	原因　令和何年何月何日設定 極度額　金1000万円 債権の範囲　銀行取引　手形債権 小切手債権 債務者　何市何町何番地 A 根抵当権者　何市何町何番地 株式会社X銀行
付記１号	１番根抵当権変更	令和何年何月何日 第何号	原因　令和何年何月何日変更 債務者　何市何町何番地 B

One Point◆ 基本形→変形のコツ

No.9-1と比較して、根抵当権設定者（登記義務者）が所有権の登記名義人であるときは、原則どおり、印鑑証明書の提供を要するという点が大きく相違します。そのほか、合意によって債務者を変更できるのは元本確定前に限るという点も、合わせて確認しましょう。

【申請情報】

登記の目的	１番根抵当権変更　＊１
原　　因	令和何年何月何日変更
変更後の事項	債務者　何市何町何番地 　　　　B
権　利　者	何市何町何番地 株式会社Ｘ銀行 （会社法人等番号　1234-56-789012） 代表取締役　甲
義　務　者	何市何町何番地 A
添付情報	登記原因証明情報 登記識別情報（Ａの登記識別情報） 会社法人等番号 印鑑証明書（Ａの印鑑証明書）　＊２ 代理権限証明情報（株式会社Ｘ銀行の代表者及びＡの委任状）
登録免許税	金1000円　＊３

＊１　共同根抵当権の場合は、登記の目的を「１番共同根抵当権変更」とする。

＊２　抵当権と異なり、根抵当権の債務者の変更の登記を申請する場合、登記義務者が所有権登記名義人であるときは、原則どおり、印鑑証明書の提供を要する。

＊３　登録免許税は、不動産１個につき金1000円である。

No.10-1 抵当権の債務者の変更（相続）

基本形

【事例】

1番抵当権の債務者Bが死亡したときの、相続を原因とする抵当権の変更の登記の申請情報。なお、Bの相続人は、妻のCのみである。

【完了後の登記記録（一部事項省略）】

権　利　部　（甲区）（所　有　権　に　関　す　る　事　項）			
順位番号	登記の目的	受付年月日・受付番号	権利者その他の事項
1	所有権保存	令和何年何月何日 第何号	所有者　何市何町何番地 A

権　利　部　（乙区）（所有権以外の権利に関する事項）			
順位番号	登記の目的	受付年月日・受付番号	権利者その他の事項
1	抵当権設定	令和何年何月何日 第何号	原因　令和何年何月何日金銭消費貸借 令和何年何月何日設定 債権額　金1000万円 利息　年３％ 損害金　年14％ 債務者　何市何町何番地 B 抵当権者　何市何町何番地 株式会社X銀行
付記１号	１番抵当権変更	令和何年何月何日 第何号	原因　令和何年何月何日相続 債務者　何市何町何番地 C

本事例は、原則どおり、登記権利者と登記義務者が共同して申請します。相続を原因とする登記のすべてが、単独申請であるとは限らないので注意しましょう。

【申請情報】

登記の目的　　１番抵当権変更
原　　　因　　令和何年何月何日相続
変更後の事項　債務者　何市何町何番地
　　　　　　　　　　　C
権　利　者　　何市何町何番地　　＊1
　　　　　　　　株式会社X銀行
　　　　　　　　（会社法人等番号　1234-56-789012）
　　　　　　　　　代表取締役　甲
義　務　者　　何市何町何番地
　　　　　　　　　A
添付情報　　登記原因証明情報　　＊2
　　　　　　登記識別情報（Aの登記識別情報）
　　　　　　会社法人等番号
　　　　　　代理権限証明情報（株式会社X銀行の代表者及びAの委任状）
登録免許税　金1000円

＊1　相続を原因とする抵当権（または根抵当権）の債務者の「変更」の登記は、原則どおり、抵当権者（登記権利者）と抵当権の設定者（登記義務者）が、共同で申請する。相続による権利の「移転」の登記の場合と、混同しないようにしよう（不動産登記法63条2項参照）。

不動産登記法63条２項
２　相続又は合併による権利の移転の登記は、登記権利者が単独で申請することができる。

＊2　所有権の登記名義人が登記義務者となる場合であっても、登記識別情報を提供できないときを除いて、登記義務者の印鑑証明書の提供を要しない。

参考
債務者である法人に合併があったときは、次のとおり置き換えよう。

登記の目的　　１番抵当権変更
原　　　因　　令和何年何月何日合併
変更後の事項　債務者　何市何町何番地
　　　　　　　　　　　株式会社Z

申請人や添付情報は、上記の記載例と同じである。

No.10-2 抵当権の債務者の変更（相続と債務引受）

基本形➡変形

【事例】

１番抵当権の債務者Ｂが死亡し、その相続人Ｃ及びＤと抵当権者株式会社Ｘ銀行（代表取締役　甲）との間で、Ｄが承継した債務をＣが免責的に引き受ける旨の合意が成立したときの「Ｄの債務引受」を原因とする抵当権の変更登記の申請情報。

【完了後の登記記録（登記事項一部省略）】

権　利　部　（甲区）（所　有　権　に　関　す　る　事　項）			
順位番号	登記の目的	受付年月日・受付番号	権利者その他の事項
1	所有権保存	令和何年何月何日 第何号	所有者　何市何町何番地 Ａ

権　利　部　（乙区）（所有権以外の権利に関する事項）			
順位番号	登記の目的	受付年月日・受付番号	権利者その他の事項
1	抵当権設定	令和何年何月何日 第何号	原因　令和何年何月何日金銭消費貸借令和何年何月何日設定 債務者　何市何町何番地　Ｂ 抵当権者　何市何町何番地 株式会社Ｘ銀行
付記１号	１番抵当権変更	令和何年何月何日 第何号	原因　令和何年何月何日相続 債務者　何市何町何番地　Ｃ 何市何町何番地　Ｄ
付記２号	１番抵当権変更	令和何年何月何日 第何号	原因　令和何年何月何日Ｄの債務引受 債務者　何市何町何番地　Ｃ

One Point◆ 相続と債務引受

本事例は、①「相続」を原因とする債務者の変更の登記と、②「何某の債務引受」を原因とする債務者の変更の登記の２件の登記を申請します。１件目の相続を原因とする変更の登記の申請情報は、No.10-1 を参照しましょう。

【申請情報】

登記の目的　1番抵当権変更
原　　因　令和何年何月何日Dの債務引受　＊
変更後の事項　債務者　何市何町何番地
　　　　　　　C
権 利 者　何市何町何番地
　株式会社X銀行
　(会社法人等番号　1234-56-789012)
　　代表取締役　甲
義 務 者　何市何町何番地
　　A
添付情報　登記原因証明情報
　登記識別情報(Aの登記識別情報)
　会社法人等番号
　代理権限証明情報(株式会社X銀行の代表者及びAの委任状)
登録免許税　金1000円

＊　債務者の相続人と抵当権者との間で相続債務についての債務引受契約が成立し、相続人の1人が相続債務のすべてを引き受けたときは、以下の2件の登記を申請する(先例昭33.5.10-964)。上記の申請情報は、2件目の登記のものである。

① 「相続」を登記原因として、相続人全員を債務者とする変更の登記
　→この場合の申請情報は、No.10-1を参考にしよう。
② 「何某の債務引受」を登記原因として、引受人を債務者とする変更の登記

先例

抵当権の被担保債権の債務者が死亡し、相続人間で、相続人の1人が債務のすべてを承継する旨の遺産分割協議が成立し、それについて債権者の承諾を得たときは、「相続」を登記原因として、債務を承継した者のみを債務者とする変更の登記を申請することができる(先例昭33.5.10-964)。
　→この場合の申請情報は、No.10-1を参考にしよう。

No.10-3 抵当権の債務者の変更（連帯債務者の相続と債務引受）

基本形➡変形

【事例】

連帯債務者をＡ及びＢとするＸの抵当権が甲土地の乙区１番で登記されている。また、甲土地の所有者はＢである。

以下の事実関係に基づく抵当権変更登記の申請情報。

1．令和何年５月19日、Ａが死亡して、その相続人は子のＢＣＤのみである。

2．同年12月１日、ＢＣＤは、ＡがＸに対して負担している金銭債務をＢが免責的に引き受け、ＣＤは債務を免れる旨の免責的債務引受契約を締結した。

3．同月３日、Ｘは、上記の免責的債務引受契約を承諾した。

〈令５年、平29年記述式〉

【申請情報（１件目）】

登記の目的	１番抵当権変更		
原　　因	令和何年５月19日連帯債務者Ａの相続		＊１
変更後の事項	連帯債務者　何市何町何番地　Ｂ		＊２
	何市何町何番地　Ｃ		
	何市何町何番地　Ｄ		
権　利　者	何市何町何番地　Ｘ		
義　務　者	何市何町何番地　Ｂ		
添付情報	登記原因証明情報		
	登記識別情報（Ｂの登記識別情報）		＊３
	代理権限証明情報（Ｘ及びＢの委任状）		
登録免許税	金1000円		

＊１　連帯債務者の１人に相続が開始したときは、被相続人を特定した上で「連帯債務者何某の相続」と記載する。登記原因の日付は、相続開始の日である。

＊２　変更後の事項には、「連帯債務者」として相続人全員の住所氏名を記載する。

＊３　登記識別情報を提供して抵当権の債務者の変更登記を申請するときは、所有権登記名義人が登記義務者となる場合であっても、印鑑証明書の添付を要しない。

【申請情報（２件目）】

登記の目的	１番抵当権変更
原　　因	令和何年12月３日Ｃ、Ｄの債務引受　＊1
変更後の事項	連帯債務者　何市何町何番地　Ｂ　＊2
権　利　者	何市何町何番地 Ｘ
義　務　者	何市何町何番地 Ｂ
添付情報	登記原因証明情報 登記識別情報（Ｂの登記識別情報） 代理権限証明情報（Ｘ及びＢの委任状）
登録免許税	金1000円

＊1　登記原因の日付は、債権者の承諾の日である（No.9-1参照）。なお、登記原因は「連帯債務者Ｃ、Ｄの免責的債務引受」と記載してもよい。

＊2　Ｂは、すでに連帯債務者として登記されているが、本事案においては、その変更後の事項として、連帯債務者Ｂの住所氏名を記載する。

→元々の連帯債務者としてのＢの地位と、Ａの相続によって承継したＢの地位とは別モノと考えるのが登記実務である。

判例

連帯債務者のうちの１人が死亡して、その相続人が複数あるときは、相続人は、被相続人が負担していた債務を相続分に応じて分割して承継し、各相続人は、その承継した範囲で、従来の他の債務者とともに連帯債務者となる（最判昭34.6.19）。

No. 10-4 元本確定前の根抵当権の債務者の相続による変更の登記

基本形➡変形

【事例】

元本確定前の１番根抵当権の債務者Ｂが死亡したときの、相続を原因とする根抵当権の変更の登記の申請情報。なお、Ｂの相続人は、妻のＣ及び成年の子のＤのみである。

【完了後の登記記録（一部省略）】

権　利　部　（甲区）（所　有　権　に　関　す　る　事　項）			
順位番号	登記の目的	受付年月日・受付番号	権利者その他の事項
1	所有権保存	令和何年何月何日 第何号	所有者　何市何町何番地 A

権　利　部　（乙区）（所有権以外の権利に関する事項）			
順位番号	登記の目的	受付年月日・受付番号	権利者その他の事項
1	根抵当権設定	令和何年何月何日 第何号	原因　令和何年何月何日設定 極度額　金1000万円 債権の範囲　金銭消費貸借取引 債務者　何市何町何番地 B 根抵当権者　何市何町何番地 X
付記１号	１番根抵当権変更	令和何年何月何日 第何号	原因　令和何年何月何日相続 債務者　何市何町何番地 C 何市何町何番地 D

One Point ◆ 基本形→変形のコツ

根抵当権の債務者に相続があった場合、「変更後の事項」に被相続人を記載するかどうかという点が、抵当権と相違します。また、印鑑証明書の提供の要否にも注意しながら、申請情報を書いてみましょう。

【申請情報】

登記の目的　１番根抵当権変更
原　　因　令和何年何月何日相続
変更後の事項　債務者（被相続人　Ｂ）　＊1
何市何町何番地
Ｃ
何市何町何番地
Ｄ
権 利 者　何市何町何番地
Ｘ
義 務 者　何市何町何番地
Ａ
添付情報　登記原因証明情報
登記識別情報（Ａの登記識別情報）
印鑑証明書（Ａの印鑑証明書）　＊2
代理権限証明情報（Ｘ及びＡの委任状）
登録免許税　金1000円　＊3

＊1　「債務者（被相続人　何某）」と、カッコ書で被相続人の氏名を記載する。
＊2　原則どおり、所有権登記名義人である登記義務者の印鑑証明書を提供する。抵当権の場合と比較しよう。
＊3　登録免許税は、不動産１個につき金1000円である。

本事例は、この後、合意の登記の問題に繋がります。リンク先を参照しよう。

指定債務者の合意の登記

No. 10-5 元本確定前の根抵当権の債務者の合併による変更の登記

基本形➡変形

【事例】

元本確定前の１番根抵当権の債務者である株式会社Ｙ（代表取締役　乙）を消滅会社、株式会社Ｚ（代表取締役　丙）を存続会社とする吸収合併の効力が生じた。このときの、合併を原因とする根抵当権の変更の登記の申請情報。

【完了後の登記記録】

権　利　部　（甲区）（所　有　権　に　関　す　る　事　項）			
順位番号	登記の目的	受付年月日・受付番号	権利者その他の事項
1	所有権保存	令和何年何月何日 第何号	所有者　何市何町何番地 Ａ

権　利　部　（乙区）（所有権以外の権利に関する事項）			
順位番号	登記の目的	受付年月日・受付番号	権利者その他の事項
1	根抵当権設定	令和何年何月何日 第何号	原因　令和何年何月何日設定 債務者　何市何町何番地 株式会社Ｙ 根抵当権者　何市何町何番地 株式会社Ｘ銀行
付記１号	１番根抵当権変更	令和何年何月何日 第何号	原因　令和何年何月何日合併 債務者　何市何町何番地 株式会社Ｚ

One Point◆ 根抵当権の債務者の合併

元本確定前の根抵当権の債務者に合併があったときは、存続会社または設立会社が、債務者の地位を承継します（民法398条の９第２項）。そのため、根抵当権の債務者の変更の登記を申請します。

【申請情報】

登記の目的　　１番根抵当権変更
原　　　因　　令和何年何月何日合併　　＊１
変更後の事項　債務者（被合併会社　株式会社Ｙ）
　　　　　　　　何市何町何番地
　　　　　　　　　株式会社Ｚ
権　利　者　　何市何町何番地
　　　　　　　　株式会社Ｘ銀行
　　　　　　　　（会社法人等番号　1234-56-789012）
　　　　　　　　　代表取締役　甲
義　務　者　　何市何町何番地
　　　　　　　　　Ａ
添付情報　　登記原因証明情報
　　　　　　登記識別情報（Ａの登記識別情報）
　　　　　　会社法人等番号
　　　　　　印鑑証明書（Ａの印鑑証明書）
　　　　　　代理権限証明情報（株式会社Ｘ銀行の代表者及びＡの委任状）
登録免許税　金1000円　　＊２

＊１　登記原因の日付は、合併の効力発生日である。
　吸収合併　→　合併契約書に定めた効力発生日
　新設合併　→　設立会社の設立登記の日

＊２　登録免許税は、不動産１個につき金1000円である。

No.10-6 元本確定前の根抵当権の債務者の会社分割による変更の登記

基本形➡変形

【事例】

元本確定前の１番根抵当権の債務者である株式会社Ｙ（代表取締役　乙）を分割会社、株式会社Ｚ（代表取締役　丙）を承継会社とする吸収分割の効力が生じた。このときの、会社分割を原因とする根抵当権の変更の登記の申請情報。

【完了後の登記記録（一部省略）】

権　利　部　（甲区）（所　有　権　に　関　す　る　事　項）			
順位番号	登記の目的	受付年月日・受付番号	権利者その他の事項
1	所有権保存	令和何年何月何日 第何号	所有者　何市何町何番地 A

権　利　部　（乙区）（所有権以外の権利に関する事項）			
順位番号	登記の目的	受付年月日・受付番号	権利者その他の事項
1	根抵当権設定	令和何年何月何日 第何号	原因　令和何年何月何日設定 債務者　何市何町何番地 株式会社Ｙ 根抵当権者　何市何町何番地 株式会社Ｘ銀行
付記１号	１番根抵当権変更	令和何年何月何日 第何号	原因　令和何年何月何日会社分割 債務者　何市何町何番地 株式会社Ｙ 何市何町何番地 株式会社Ｚ

One Point◆ 基本形→変形のコツ

元本確定前の根抵当権の債務者に会社分割があったときは、法律上、当然に、分割会社と承継会社（設立会社）を債務者とする根抵当権となります（民法398条の10第２項）。No.10-5の合併のケースとよく比較しましょう。

【申請情報】

登記の目的　　1番根抵当権変更
原　　　因　　令和何年何月何日会社分割　　＊1
変更後の事項　債務者　何市何町何番地　　＊2
　　　　　　　　　　　株式会社Y
　　　　　　　　　　何市何町何番地
　　　　　　　　　　　株式会社Z
権　利　者　　何市何町何番地
　　　　　　　　株式会社X銀行
　　　　　　　　（会社法人等番号　1234-56-789012）
　　　　　　　　　代表取締役　甲
義　務　者　　何市何町何番地
　　　　　　　　　A
添付情報　　登記原因証明情報
　　　　　　登記識別情報（Aの登記識別情報）
　　　　　　会社法人等番号
　　　　　　印鑑証明書（Aの印鑑証明書）
　　　　　　代理権限証明情報（株式会社X銀行の代表者及びAの委任状）
登録免許税　金1000円　　＊3

＊1　登記原因の日付は、会社分割の効力発生日である。
　吸収分割　→　分割契約書に定めた効力発生日
　新設分割　→　設立会社の設立登記の日

＊2　元本の確定前に、根抵当権の債務者を分割会社とする会社分割があった場合、承継会社を債務者に加える根抵当権の変更の登記を申請する（先例平13.3.30-867）。

＊3　登録免許税は、不動産1個につき金1000円である。

No.11-1 抵当権の債務者の変更（住所等の変更）

基本形

【事例】

１番抵当権（抵当権者Ｘ　設定者Ａ）の債務者Ａが、住所を移転したときの抵当権の変更登記の申請情報。

【申請情報】

登記の目的	１番抵当権変更
原　　因	令和何年何月何日住所移転
変更後の事項	債務者の住所 何市何町何番地
権　利　者	何市何町何番地 Ｘ
義　務　者	何市何町何番地 Ａ
添付情報	登記原因証明情報 登記識別情報（Ａの登記識別情報） 代理権限証明情報（Ｘ及びＡの委任状）
登録免許税	金1000円　　＊

＊　登録免許税は、不動産１個につき金1000円である。

One Point◆ ここに注意しよう

抵当権の債務者の住所に変更があったときは、抵当権者と設定者が共同して、抵当権の変更登記を申請します。また、「変更後の事項」の記載が、根抵当権の場合と相違しますので、No.11-2とセットで学習しましょう。

No.11-2 根抵当権の債務者の変更（住所等の変更）

基本形➡変形

【事例】

１番根抵当権（根抵当権者X　設定者A）の債務者Aが、住所を移転したときの根抵当権の変更登記の申請情報。

【申請情報】

登記の目的	１番根抵当権変更
原　　因	令和何年何月何日住所移転
変更後の事項	債務者　何市何町何番地 A
権　利　者	何市何町何番地 X
義　務　者	何市何町何番地 A
添付情報	登記原因証明情報 登記識別情報（Aの登記識別情報） 印鑑証明書（Aの印鑑証明書） 代理権限証明情報（X及びAの委任状）
登録免許税	金1000円　＊

＊　登録免許税は、不動産１個につき金1000円である。

One Point◆ 基本形→変形のコツ

No.11-1の抵当権と異なり、「変更後の事項」は、変更後の住所のほか、氏名も記載します。あとは、印鑑証明書を忘れないようにしましょう。繰り返しになりますが、所有権の登記名義人が登記義務者となるときは、印鑑証明書の提供を要するのが原則です。

No. 11-3 根抵当権の債務者の変更（住所等の変更その２）

基本形➡変形

【事例】

１番根抵当権（根抵当権者Ｘ　設定者Ｂ）の債務者Ａが、令和何年11月25日、「何市何町何番地」に住所を移転し、同年12月１日、住居表示の実施により、その住所が「何市何町何丁目何番何号」となったときの根抵当権の変更登記の申請情報。

〈令２年記述式〉

【申請情報】

登記の目的	１番根抵当権変更
原　　因	令和何年11月25日住所移転 令和何年12月１日住居表示実施　＊１
変更後の事項	債務者　何市何町何丁目何番何号 Ａ
権　利　者	何市何町何番地 Ｘ
義　務　者	何市何町何番地 Ｂ
添付情報	登記原因証明情報 登記識別情報（Ｂの登記識別情報） 印鑑証明書（Ｂの印鑑証明書） 非課税証明情報（住居表示の実施を証する書面）　＊２ 代理権限証明情報（Ｘ及びＢの委任状）
登録免許税	非課税（登録免許税法５条４号）　＊２

＊１　住所の変更の原因が相違するときは、登記原因を併記する。

＊２　最終の登記原因が住居表示実施であるときは、登録免許税は非課税となる（先例昭42.12.14-3447）。このため、非課税証明書として住居表示実施の証明書を添付し、非課税の根拠となる条文を上記のとおり記載する。

No. 11-4 根抵当権の債務者の変更(住所と名称の変更)

基本形➡変形

【事例】

1番根抵当権(根抵当権者X　設定者A)の債務者である株式会社Aがその商号を株式会社ABCに変更し、その後、本店を移転したことによる根抵当権の債務者の変更登記の申請情報。

〈令3年記述式〉

【申請情報】

登記の目的	1番根抵当権変更
原　　因	令和何年何月何日商号変更 令和何年何月何日本店移転　　＊
変更後の事項	債務者　何市何町何番地 株式会社ABC
権　利　者	何市何町何番地 X
義　務　者	何市何町何番地 A
添付情報	登記原因証明情報 登記識別情報(Aの登記識別情報) 印鑑証明書(Aの印鑑証明書) 代理権限証明情報(X及びAの委任状)
登録免許税	金1000円

＊　債務者の住所と名称に変更が生じているときは、債務者の住所と名称の変更登記は一の申請情報によって申請することができる(質疑登研413P96)。

No.12 抵当権の債務者の交替による更改

【事例】

関係当事者間で債務者の交替による更改契約を締結し、旧債務の範囲で、抵当権を更改後の債務に移すことで合意した。この場合の抵当権の変更登記の申請情報。

〈昭和63年記述式〉

【完了後の登記記録】

権　利　部　（甲区）（所　有　権　に　関　す　る　事　項）			
順位番号	登記の目的	受付年月日・受付番号	権利者その他の事項
1	所有権保存	令和何年何月何日 第何号	所有者　何市何町何番地 B

権　利　部　（乙区）（所有権以外の権利に関する事項）			
順位番号	登記の目的	受付年月日・受付番号	権利者その他の事項
1	抵当権設定	令和何年何月何日 第何号	原因　令和何年何月何日金銭消費貸借同日設定 債権額　金1000万円 利息　年７％ 債務者　何市何町何番地 A 抵当権者　何市何町何番地 X
付記１号	１番抵当権変更	令和何年何月何日 第何号	原因　令和何年何月何日債務者更改による新債務担保 債権額　金800万円 利息　年５％ 債務者　何市何町何番地 B

One Point◆ 債務者の交替による更改

本事例は、そのムカシ、昭和63年の記述式で問われました。ポイントは申請人です。また、債務者の交替による更改は、債務者の変更でもあるので、印鑑証明書の提供を要しません。

【申請情報】

登記の目的	１番抵当権変更
原　　　因	令和何年何月何日債務者更改による新債務担保　＊１
債　権　額	金800万円
利　　　息	年５％
債　務　者	何市何町何番地 B
権　利　者	何市何町何番地　＊２ X
義　務　者	何市何町何番地 B
添付情報	登記原因証明情報　＊３ 登記識別情報（Ｂの登記識別情報） 代理権限証明情報（Ｘ及びＢの委任状）
登録免許税	金1000円　＊４

＊１　登記原因は、「債務者更改による新債務担保」である。
また、登記原因の日付は、次のとおり（先例令2.3.31-328）。
①　債権者、旧債務者、新債務者の三面契約の場合　契約成立の日
②　債権者と新債務者との契約の場合　債権者から旧債務者への通知の到達日

＊２　更改後の抵当権の債権額が変更前の抵当権の債権額より少ないときでも、抵当権者が登記権利者、抵当権設定者が登記義務者である。

＊３　所有権の登記名義人が登記義務者となる場合であっても、登記識別情報を提供できないときを除いて、登記義務者の印鑑証明書の提供を要しない。

＊４　登録免許税は、不動産１個につき金1000円である。

参考 債権者の交替による更改

当事者が、債権者の交替による更改をし、抵当権を更改後の債務に移す旨の合意をしたときは、「債権者更改による新債務担保」を登記原因として、担保権の移転登記を申請する。この場合の登記原因の日付は、別段の意思表示のない限り、旧債権者、新債権者、債務者の三面契約による更改の効力発生日である（先例令2.3.31-328）。

No.13-1 根抵当権の債権の範囲の変更 基本形 元本確定前

【事例】

1番根抵当権の債権の範囲を、「金銭消費貸借取引」から、「金銭消費貸借取引、売買取引」と変更する契約が成立したときの根抵当権の変更登記の申請情報。

【完了後の登記記録】

権　利　部　（甲区）（所　有　権　に　関　す　る　事　項）			
順位番号	登記の目的	受付年月日・受付番号	権利者その他の事項
1	所有権保存	令和何年何月何日 第何号	所有者　何市何町何番地 A

権　利　部　（乙区）（所有権以外の権利に関する事項）			
順位番号	登記の目的	受付年月日・受付番号	権利者その他の事項
1	根抵当権設定	令和何年何月何日 第何号	原因　令和何年何月何日設定 極度額　金1000万円 債権の範囲　金銭消費貸借取引 債務者　何市何町何番地 A 根抵当権者　何市何町何番地 株式会社X銀行
付記1号	1番根抵当権変更	令和何年何月何日 第何号	原因　令和何年何月何日変更 債権の範囲　金銭消費貸借取引 売買取引

One Point◆ 債権の範囲の変更

極度額の変更と異なり、債権の範囲の変更の登記は、元本確定前に限って申請できます。また、変更の内容によっては、権利者と義務者が入れ替わることがある点にも注意しましょう。

【申請情報】

登記の目的　　1番根抵当権変更　　＊1
原　　　因　　令和何年何月何日変更
変更後の事項　債権の範囲
　　　金銭消費貸借取引　　売買取引
権　利　者　　何市何町何番地　　＊2
　　　株式会社X銀行
　　　（会社法人等番号　1234-56-789012）
　　　　代表取締役　甲
義　務　者　　何市何町何番地
　　　　A
添付情報　　登記原因証明情報
　　　登記識別情報（Aの登記識別情報）
　　　会社法人等番号
　　　印鑑証明書（Aの印鑑証明書）
　　　代理権限証明情報（株式会社X銀行の代表者及びAの委任状）
登録免許税　金1000円　　＊3

＊1　共同根抵当権の場合は、登記の目的を「1番共同根抵当権変更」とする。

＊2　「A取引　B取引」→「A取引」のように、債権の範囲が縮減することが明らかであるときは、根抵当権設定者を登記権利者、根抵当権者を登記義務者とする（先例昭46.10.4-3230、昭46.12.27-960）。

＊3　登録免許税は、不動産1個につき金1000円である。

No.13-2 根抵当権の債権の範囲の変更（共有根抵当の場合）

基本形➡変形

【事例】

1番根抵当権の共有者のうち根抵当権者Xの債権の範囲を、「金銭消費貸借取引」から「金銭消費貸借取引　売買取引」と変更したときの根抵当権の変更登記の申請情報。

【完了後の登記記録】

権　利　部　（乙区）（所有権以外の権利に関する事項）			
順位番号	登記の目的	受付年月日・受付番号	権利者その他の事項
1	根抵当権設定	令和何年何月何日 第何号	原因　令和何年何月何日設定 極度額　金1000万円 債権の範囲　根抵当権者Xにつき 金銭消費貸借取引 根抵当権者Yにつき 賃貸借取引 債務者　何市何町何番地 A 根抵当権者 何市何町何番地　X 何市何町何番地　Y
付記1号	1番根抵当権変更	令和何年何月何日 第何号	原因　令和何年何月何日変更 債権の範囲　根抵当権者Xにつき 金銭消費貸借取引　売買取引 根抵当権者Yにつき 賃貸借取引

One Point◆ 基本形→変形のコツ

共有根抵当の変更登記の急所は、申請人と変更後の事項の記載です。共有者の1人に変更があったときでも、その全員を申請人とし、また、全員についての変更後の事項を記載します。

【申請情報】

登記の目的　　1番根抵当権変更　　＊1
原　　　因　　令和何年何月何日変更
変更後の事項　債権の範囲　　＊2
　根抵当権者Xにつき　金銭消費貸借取引　売買取引
　根抵当権者Yにつき　賃貸借取引
権　利　者　　何市何町何番地　　＊3
　　X
　何市何町何番地
　　Y
義　務　者　　何市何町何番地
　　A
添付情報　登記原因証明情報
　登記識別情報(Aの登記識別情報)
　印鑑証明書(Aの印鑑証明書)
　代理権限証明情報(X、Y及びAの委任状)
登録免許税　金1000円　　＊4

＊1　共同根抵当権の場合は、「1番共同根抵当権変更」とする。
＊2　変更後の債権の範囲は、変更のないYのものも含めて、全部記載する。
＊3　共有者の1人についてのみ債権の範囲を変更した場合であっても、根抵当権の共有者の全員が申請人となる(先例昭46.12.24-3630、質疑登研524P167)。
＊4　登録免許税は、不動産1個につき金1000円である。

第3章 抵当権・根抵当権のその他の変更

No.14-1 抵当権の効力を所有権全部に及ぼす変更　基本形

【事例】

令和何年何月何日、１番抵当権設定者のＡが、他の共有者の持分を取得して単独の所有者となったことに伴い、抵当権者Ｘと設定者Ａとの間で、Ａが新たに取得した持分につき、抵当権を追加設定する旨の合意が成立した。この場合の申請情報。

〈平成22年記述式〉

【完了後の登記記録（甲区省略）】

権　利　部　（乙区）（所有権以外の権利に関する事項）			
順位番号	登記の目的	受付年月日・受付番号	権利者その他の事項
1	Ａ持分抵当権設定	令和何年何月何日 第何号	原因　令和何年何月何日金銭消費貸借同日設定 債権額　金1000万円 利息　年７％ 損害金　年14％ 債務者　何市何町何番地 Ａ 抵当権者　何市何町何番地 Ｘ
付記１号	１番抵当権の効力を所有権全部に及ぼす変更	令和何年何月何日 第何号	原因　令和何年何月何日金銭消費貸借令和何年何月何日設定

One Point◆ 及ぼす変更

抵当権の効力を所有権全部に及ぼす変更の登記（以下、及ぼす変更の登記）について、まずは、それを申請すべき場合に当たるかどうかの判断が重要です。

【申請情報】

登記の目的　１番抵当権の効力を所有権全部に及ぼす変更　＊1
原　　　因　令和何年何月何日金銭消費貸借令和何年何月何日設定　＊2
権　利　者　　何市何町何番地
　　　　　　　　X
義　務　者　　何市何町何番地
　　　　　　　　A
添付情報　　登記原因証明情報
　　　　　　登記識別情報（Aの登記識別情報）
　　　　　　印鑑証明書（Aの印鑑証明書）
　　　　　（承諾を証する情報）　＊3
　　　　　　代理権限証明情報（X及びAの委任状）
登録免許税　金1500円（登録免許税法第13条第２項）　＊4

＊1　登記の目的は「何番抵当権の効力を所有権全部に及ぼす変更」である。なお、ABCが共有する不動産のA持分を目的として抵当権を設定した後、AがBの持分を取得したため、Aが新たに取得した持分を目的として抵当権の追加設定をしたときの登記の目的は、次のとおりである。
「何番抵当権の効力をA持分全部に及ぼす変更」

＊2　及ぼす変更の登記は、事実上、抵当権の追加設定の登記といえるから、登記原因及びその日付は、抵当権の設定の登記と同様に「年月日金銭消費貸借年月日設定」とする。

＊3　登記上の利害関係を有する第三者がいる場合、及ぼす変更の登記を付記登記でするためには、その承諾を証する情報を提供する（不動産登記法66条）。
→後順位の担保権者、後順位の所有権の仮登記名義人などが利害関係人に当たる。

＊4　事実上、抵当権の追加設定であるため、登録免許税は不動産１個につき金1500円となる。また、この場合、減税の根拠法令として「登録免許税法第13条第２項」を申請情報の内容とすることを要する（不動産登記規則189条３項）。

根抵当権の場合、登記の目的と登記原因は、以下のとおりとなる。

登記の目的　　何番根抵当権の効力を所有権全部に及ぼす変更
原　　　因　　年月日設定

ココをチェックしよう

及ぼす変更の登記を申請することができるのは、以下のケースである。

権　利　部　（甲区）（所　有　権　に　関　す　る　事　項）			
順位番号	登記の目的	受付年月日・受付番号	権利者その他の事項
2	所有権移転	令和何年何月何日 第何号	原因　令和何年何月何日相続 共有者　持分２分の１　A ２分の１　B
3	B持分全部移転	令和何年何月何日 第何号	原因　令和何年何月何日共有物分割 所有者　持分２分の１　A

権　利　部　（乙区）（所有権以外の権利に関する事項）			
順位番号	登記の目的	受付年月日・受付番号	権利者その他の事項
1	A持分抵当権設定	令和何年何月何日 第何号	原因　令和何年何月何日金銭消費貸借同日設定 債権額　金1000万円 利息　年７％ 債務者　何市何町何番地 A 抵当権者　何市何町何番地 X
付記１号	１番抵当権の効力を所有権全部に及ぼす変更	令和何年何月何日 第何号	原因　令和何年何月何日金銭消費貸借令和何年何月何日設定

ＡＢ共有不動産のＡ持分にＸが抵当権を設定した後、ＡがＢの持分を取得し、Ａがその不動産の単独の所有者となった。その後、ＡがＢから取得した持分に抵当権の追加設定をしたときに、及ぼす変更の登記を申請する。

比較

以下は、及ぼす変更をすることができないケースである。

権　利　部　（甲区）（所　有　権　に　関　す　る　事　項）			
順位番号	登記の目的	受付年月日・受付番号	権利者その他の事項
2	所有権移転	令和何年何月何日 第何号	原因　令和何年何月何日相続 共有者　持分２分の１　A ２分の１　B

ＡＢ共有不動産のＡ持分にＸが抵当権を設定した後、残りのＢ持分にも抵当権を設定した。この場合は……。

権　利　部　（乙区）（所有権以外の権利に関する事項）			
順位番号	登記の目的	受付年月日・受付番号	権利者その他の事項
1	A持分抵当権設定	令和何年何月何日 第何号	原因　令和何年何月何日金銭消費貸借同日設定 債権額　金1000万円 利息　年７％ 債務者　何市何町何番地 A 抵当権者　何市何町何番地 X
2	B持分抵当権設定	令和何年何月何日 第何号	原因　令和何年何月何日金銭消費貸借令和何年何月何日設定 （以下省略）

通常の抵当権の追加設定の登記を申請するのである。及ぼす変更の登記を申請することはできない（質疑答研304P73）。

No. 14-2 抵当権を持分上の抵当権とする変更 基本形➡変形

【事例】

Ａが所有する抵当不動産の所有権の一部を取得したＢの持分につき、抵当権者Ｘが、抵当権を放棄したときに申請すべき登記の申請情報。

〈平成７年記述式〉

【完了後の登記記録】

権　利　部　（甲区）（所　有　権　に　関　す　る　事　項）			
順位番号	登記の目的	受付年月日・受付番号	権利者その他の事項
２	所有権移転	令和何年何月何日 第何号	原因　令和何年何月何日売買 所有者　何市何町何番地 Ａ
３	所有権一部移転	令和何年何月何日 第何号	原因　令和何年何月何日売買 共有者　何市何町何番地 持分２分の１　Ｂ

権　利　部　（乙区）（所有権以外の権利に関する事項）			
順位番号	登記の目的	受付年月日・受付番号	権利者その他の事項
１	抵当権設定	令和何年何月何日 第何号	原因　令和何年何月何日金銭消費貸借同日設定 債権額　金1000万円 利息　年７％ 債務者　何市何町何番地 Ａ 抵当権者　何市何町何番地 Ｘ
付記１号	１番抵当権をＡ持分の抵当権とする変更	令和何年何月何日 第何号	原因　令和何年何月何日Ｂ持分の放棄

One Point◆ 基本形→変形のコツ

本事例は、いわば、及ぼす変更の登記の逆バージョンといえます。及ぼす変更が抵当権をプラスする手続であるのに対して、こちらは、抵当権をマイナスしていく手続となります。及ぼす変更の登記とセットで覚えておきましょう。

【申請情報】

登記の目的	1番抵当権をA持分の抵当権とする変更　＊1
原　　　因	令和何年何月何日B持分の放棄
権　利　者	何市何町何番地　＊2 B
義　務　者	何市何町何番地 X
添付情報	登記原因証明情報 登記識別情報（Xの登記識別情報） （承諾を証する情報）　＊3 代理権限証明情報（B及びXの委任状）
登録免許税	金1000円　＊4

＊1　登記の目的は、「何番抵当権を何某持分の抵当権とする変更」である。

＊2　申請人は、抵当権の放棄を受けた持分の登記名義人が登記権利者、抵当権者が登記義務者となる。引き続き抵当権の負担を負う他の共有者Aは、申請人とはならない。

＊3　この登記は、一部抹消の実質を有するので、転抵当権者など登記上の利害関係人がいるときは、その承諾を証する情報の提供を要する（不動産登記法68条）。

＊4　登録免許税は、不動産1個につき金1000円である。

根抵当権の場合の登記の目的、原因は、以下のとおりとなる。

登記の目的	何番根抵当権をA持分の根抵当権とする変更
原　　　因	令和何年何月何日B持分の根抵当権放棄

No.15 抵当権の利息の変更

【事例】

抵当権者Ｘと設定者Ａとの間で、抵当権の利息を年５％から年６％に変更したときの抵当権の変更の登記の申請情報。

【申請情報】

登記の目的　　１番抵当権変更
原　　　因　　令和何年何月何日変更
変更後の事項　利息　年６％
権　利　者　　何市何町何番地　　＊1
　　　　　　　　Ｘ
義　務　者　　何市何町何番地
　　　　　　　　Ａ
添付情報　　登記原因証明情報
　　　　　　登記識別情報（Ａの登記識別情報）
　　　　　　印鑑証明書（Ａの印鑑証明書）
　　　　　（承諾を証する情報）　　＊2
　　　　　　代理権限証明情報（Ｘ及びＡの委任状）
登録免許税　金1000円　　＊3

＊1　本事例と異なり、利息を下げるなど抵当権者にとって不利益となる変更の場合は、設定者が登記権利者、抵当権者が登記義務者となる。

＊2　後順位抵当権者など、登記上の利害関係を有する第三者がいるときは、その承諾を証する情報を提供すれば、変更登記は付記登記で実行される（不動産登記法66条）。

＊3　登録免許税は、不動産１個につき金1000円である。

No.16 根抵当権の元本の確定期日の変更

【事例】

根抵当権者Ｘと設定者Ａとの間で１番根抵当権の元本の確定期日を変更する合意が成立したときの根抵当権の変更の登記の申請情報。

【申請情報】

登記の目的　　１番根抵当権変更
原　　　因　　令和何年何月何日変更
変更後の事項　確定期日　令和何年何月何日　＊1
権　利　者　　何市何町何番地　＊2
　　　　　　　　Ｘ
義　務　者　　何市何町何番地
　　　　　　　　Ａ
添付情報　　登記原因証明情報
　　　　　　登記識別情報（Ａの登記識別情報）
　　　　　　印鑑証明書（Ａの印鑑証明書）
　　　　　　代理権限証明情報（Ｘ及びＡの委任状）
登録免許税　金1000円　＊3

＊1　確定期日は、これを変更した日から５年以内であることを要する（民法398条の６第３項）。

＊2　確定期日が早くなる変更のときだけ、設定者が登記権利者、根抵当権者が登記義務者となる（例　変更前　令和８年４月１日→変更後　令和７年４月１日）。

＊3　登録免許税は、不動産１個につき金1000円である。

第4章 抵当権・根抵当権の移転の登記

No.17-1 相続による抵当権の移転

基本形

【事例】

抵当権者のXが死亡し、その相続人がY及びZである場合の抵当権の移転登記の申請情報。

【完了後の登記記録（登記事項一部省略）】

権　利　部　（乙区）（所有権以外の権利に関する事項）			
順位番号	登記の目的	受付年月日・受付番号	権利者その他の事項
1	抵当権設定	令和何年何月何日 第何号	原因　令和何年何月何日金銭消費貸借同日設定 債権額　金1000万円 債務者　何市何町何番地 A 抵当権者　何市何町何番地 X
付記1号	1番抵当権移転	令和何年何月何日 第何号	原因　令和何年何月何日相続 抵当権者 何市何町何番地 持分2分の1　Y 何市何町何番地 2分の1　Z

One Point◆ 抵当権と相続

相続による所有権移転登記を抵当権に置き換えればよろしいです。ここでは、元本確定前の根抵当権者に相続が開始したときとよく比較しながら、学習しましょう。

【申請情報】

登記の目的　１番抵当権移転
原　　　因　令和何年何月何日相続
抵当権者（被相続人　X）
何市何町何番地
持分２分の１　Y　＊1
何市何町何番地
２分の１　Z
添付情報　登記原因証明情報　＊2
代理権限証明情報（Y及びZの委任状）
課税価格　金1000万円
登録免許税　金１万円　＊3

＊1　各相続人の持分の記載を忘れないようにしよう（不動産登記令３条９号）。

＊2　登記原因証明情報として、相続を証する戸籍全部事項証明書等を提供する（不動産登記令別表22添付情報欄）。

＊3　登録免許税は、債権額に1000分の１を乗じた額である。

No. 17-2 相続による根抵当権の移転（元本確定前）

基本形➡変形

【事例】

元本確定前の根抵当権の根抵当権者Xが死亡し、その相続人がY及びZのみである場合の根抵当権の移転の登記の申請情報。

【完了後の登記記録（登記事項一部省略）】

権　利　部　（乙区）（所有権以外の権利に関する事項）			
順位番号	登記の目的	受付年月日・受付番号	権利者その他の事項
1	根抵当権設定	令和何年何月何日 第何号	原因　令和何年何月何日設定 極度額　金1000万円 債権の範囲　金銭消費貸借取引 債務者　何市何町何番地 A 根抵当権者　何市何町何番地 X
付記1号	1番根抵当権移転	令和何年何月何日 第何号	原因　令和何年何月何日相続 根抵当権者 何市何町何番地 Y 何市何町何番地 Z

One Point◆ 基本形→変形のコツ

元本確定前の根抵当権は、その登記名義人が２人以上の場合であっても、持分を登記しません。そのため、共同相続の場合でも、その持分の記載を要しない点に注意しましょう。

【申請情報】

登記の目的　1番根抵当権移転
原　　　因　令和何年何月何日相続
根抵当権者（被相続人　X）
　　　　　　何市何町何番地　　＊1
　　　　　　　　Y
　　　　　　何市何町何番地
　　　　　　　　Z
添付情報　　登記原因証明情報　　＊2
　　　　　　代理権限証明情報（Y及びZの委任状）
課税価格　　金1000万円
登録免許税　金1万円　　＊3

＊1　元本確定前の根抵当権には持分の概念がないため、共同相続の場合であっても、持分の記載を要しない（不動産登記令3条9号カッコ書）。

＊2　登記原因証明情報として、相続を証する戸籍全部事項証明書等を提供する（不動産登記令別表22添付情報欄）。

＊3　登録免許税は、極度額に1000分の1を乗じた額である。

先例

根抵当権者の相続人間の遺産分割協議において、次の①と②の双方の旨を明らかにした者は、相続による根抵当権の移転の登記における登記権利者とはならない（先例昭46.12.27-960）。

① 被相続人の取得した債権を承継しない
② 指定根抵当権者の合意による指定を受ける意思がない

参考

本事例は、この後、合意の登記の問題に繋がります。リンク先を参照しよう。

リンク No.22
指定根抵当権者の合意の登記

No.18-1 合併による抵当権の移転

基本形

【事例】

抵当権者の株式会社Ｘ銀行（代表取締役　甲）を消滅会社、株式会社ＸＹＺ銀行（代表取締役　乙）を存続会社とする吸収合併の効力が生じたときの抵当権移転登記の申請情報。

【完了後の登記記録（登記事項一部省略）】

権　利　部　（乙区）（所有権以外の権利に関する事項）			
順位番号	登記の目的	受付年月日・受付番号	権利者その他の事項
1	抵当権設定	令和何年何月何日 第何号	原因　令和何年何月何日金銭消費貸借同日設定 債権額　金1000万円 債務者　何市何町何番地 A 抵当権者　何市何町何番地 株式会社Ｘ銀行
付記１号	１番抵当権移転	令和何年何月何日 第何号	原因　令和何年何月何日合併 抵当権者　何市何町何番地 株式会社ＸＹＺ銀行

One Point◆ 抵当権と合併

合併の場合も、申請情報そのものは、特に難しいところはないでしょう。むしろ、会社分割との比較という点で、登記原因証明情報の内容に注意を要します。

【申請情報】

登記の目的　１番抵当権移転
原　　　因　令和何年何月何日合併
抵当権者（被合併会社　株式会社Ｘ銀行）
何市何町何番地
株式会社ＸＹＺ銀行
（会社法人等番号　1234-56-789011）
代表取締役　乙
添付情報　登記原因証明情報　＊１
会社法人等番号
代理権限証明情報（株式会社ＸＹＺ銀行の代表者の委任状）
課税価格　金1000万円
登録免許税　金１万円　＊２

＊１　会社法人等番号の提供により合併の事実を確認できるときは、これをもって登記原因を証する情報として提供すべき合併を証する情報（登記事項証明書）の提供に代えることができる（不動産登記令別表22添付情報欄、先例平27.10.23-512）。
＊２　登録免許税は、債権額に1000分の１を乗じた額である。

参考 登記事項証明書を提供して申請する場合の申請情報

登記の目的　１番抵当権移転
原　　　因　令和何年何月何日合併
抵当権者（被合併会社　株式会社Ｘ銀行）
何市何町何番地
株式会社ＸＹＺ銀行
代表取締役　乙
添付情報　登記原因証明情報　登記事項証明書　代理権限証明情報

登記原因証明情報として、存続会社または設立会社の登記事項証明書を提供する（先例平18.3.29-755）。

No.18-2 合併による根抵当権の移転

基本形➡変形

【事例】

根抵当権者の株式会社Ｘ銀行（代表取締役　甲）を消滅会社、株式会社ＸＹＺ銀行（代表取締役　乙）を存続会社とする吸収合併の効力が生じたときの根抵当権移転登記の申請情報。

【完了後の登記記録（登記事項一部省略）】

権　利　部　（乙区）（所有権以外の権利に関する事項）			
順位番号	登記の目的	受付年月日・受付番号	権利者その他の事項
1	根抵当権設定	令和何年何月何日 第何号	原因　令和何年何月何日設定 極度額　金1000万円 債権の範囲　銀行取引 債務者　何市何町何番地 A 根抵当権者　何市何町何番地 株式会社Ｘ銀行
付記１号	１番根抵当権移転	令和何年何月何日 第何号	原因　令和何年何月何日合併 根抵当権者　何市何町何番地 株式会社ＸＹＺ銀行

One Point◆ 根抵当権と合併

合併による根抵当権の移転は、抵当権のそれと大きく相違しません。抵当権を根抵当権に置き換えればいいだけのハナシです。

【申請情報】

登記の目的　1番根抵当権移転
原　　　因　令和何年何月何日合併
根抵当権者（被合併会社　株式会社Ｘ銀行）
　　　　　　何市何町何番地
　　　　　　　株式会社ＸＹＺ銀行
　　　　　　　（会社法人等番号　1234-56-789011）
　　　　　　　　代表取締役　乙
添付情報　　登記原因証明情報　＊1
　　　　　　会社法人等番号
　　　　　　代理権限証明情報（株式会社ＸＹＺ銀行の代表者の委任状）
課税価格　　金1000万円
登録免許税　金１万円　＊2

＊1　会社法人等番号の提供により合併の事実を確認できるときは、これをもって登記原因を証する情報として提供すべき合併を証する情報（登記事項証明書）の提供に代えることができる（不動産登記令別表22添付情報欄、先例平27.10.23-512）。
＊2　登録免許税は、極度額に1000分の１を乗じた額である。

参考　登記事項証明書を提供して申請する場合の申請情報

登記の目的　1番根抵当権移転
原　　　因　令和何年何月何日合併
根抵当権者（被合併会社　株式会社Ｘ銀行）
　　　　　　何市何町何番地
　　　　　　　株式会社ＸＹＺ銀行
　　　　　　　　代表取締役　乙
添付情報　　登記原因証明情報　登記事項証明書　代理権限証明情報

登記原因証明情報として、存続会社または設立会社の登記事項証明書を提供する（先例平18.3.29-755）。

No.19-1 会社分割による抵当権の移転

基本形

【事例】

抵当権者の株式会社X（代表取締役　甲）を分割会社、株式会社Y（代表取締役　乙）を承継会社とする吸収分割の効力が生じたときの抵当権移転登記の申請情報。

【完了後の登記記録（登記事項一部省略）】

権　利　部　（乙区）（所有権以外の権利に関する事項）			
順位番号	登記の目的	受付年月日・受付番号	権利者その他の事項
1	抵当権設定	令和何年何月何日 第何号	原因　令和何年何月何日金銭消費貸借同日設定 債権額　金1000万円 債務者　何市何町何番地 A 抵当権者　何市何町何番地 株式会社X
付記1号	1番抵当権移転	令和何年何月何日 第何号	原因　令和何年何月何日会社分割 抵当権者　何市何町何番地 株式会社Y

One Point ◆ 抵当権と会社分割

会社分割による抵当権移転登記は、分割会社と承継会社が共同して申請します。

【申請情報】

登記の目的	１番抵当権移転
原　　　因	令和何年何月何日会社分割　＊１
権　利　者	何市何町何番地 株式会社Ｙ （会社法人等番号　1234-56-789000） 代表取締役　乙
義　務　者	何市何町何番地 株式会社Ｘ （会社法人等番号　1234-56-789012） 代表取締役　甲
添付情報	登記原因証明情報　＊３ 登記識別情報（株式会社Ｘの登記識別情報） 会社法人等番号 代理権限証明情報（株式会社Ｙ及び株式会社Ｘの代表者の委任状）
課税価格	金1000万円
登録免許税	金２万円　＊４

＊１　登記原因の日付は、会社分割の効力発生日である。
吸収分割→分割契約書に定めた効力発生日
新設分割→設立会社の設立登記の日

＊２　合併と異なり、会社分割を原因とする抵当権移転登記は、承継会社と分割会社が共同で申請する。

＊３　会社分割を原因とする抵当権移転登記の登記原因証明情報は、以下のとおりである。
1　会社法人等番号を提供して申請する場合（先例平27.10.23-512）
承継会社（設立会社）の会社法人等番号及び分割契約書（分割計画書）
2　登記事項証明書を提供して申請する場合（先例平18.3.29-755）
承継会社（設立会社）の登記事項証明書及び分割契約書（分割計画書）

＊４　登録免許税は、債権額に1000分の２を乗じた額である。

No. 19-2 会社分割による根抵当権の移転（元本確定前）

基本形➡変形

【事例】

元本の確定前において、根抵当権者の株式会社X（代表取締役　甲）を分割会社、株式会社Y（代表取締役　乙）を承継会社とする吸収分割の効力が生じたときの根抵当権の移転登記の申請情報。

【完了後の登記記録（登記事項一部省略）】

権　利　部　（乙区）（所有権以外の権利に関する事項）			
順位番号	登記の目的	受付年月日・受付番号	権利者その他の事項
1	根抵当権設定	令和何年何月何日 第何号	原因　令和何年何月何日設定 極度額　金2000万円 債権の範囲　金銭消費貸借取引 債務者　何市何町何番地 A 根抵当権者　何市何町何番地 株式会社X
付記1号	1番根抵当権一部移転	令和何年何月何日 第何号	原因　令和何年何月何日会社分割 根抵当権者　何市何町何番地 株式会社Y

One Point◆ 基本形→変形のコツ

元本確定前の根抵当権の根抵当権者に会社分割があったときは、法律上、当然に、分割会社と承継会社（設立会社）が根抵当権を共有することとなります（民法398条の10第1項）。そのため、根抵当権の一部移転の登記を申請します。また、登記原因証明情報の内容にも注意しましょう。

【申請情報】

登記の目的	1番根抵当権一部移転　＊1
原　　　因	令和何年何月何日会社分割
権　利　者	何市何町何番地 株式会社Ｙ （会社法人等番号　1234-56-789000） 代表取締役　乙
義　務　者	何市何町何番地 株式会社Ｘ （会社法人等番号　1234-56-789012） 代表取締役　甲
添付情報	登記原因証明情報　＊2 登記識別情報（株式会社Ｘの登記識別情報） 会社法人等番号 代理権限証明情報（株式会社Ｙ及び株式会社Ｘの代表者の委任状）
課税価格	金1000万円
登録免許税	金２万円　＊3

＊1　会社分割により、根抵当権は分割会社と承継会社（設立会社）との共有となるため、登記の目的として、「何番根抵当権一部移転」と記載する。

→分割契約（分割計画）にこれと異なる定めがあっても、いったん根抵当権の一部移転の登記を申請する（先例平13.3.30-867）。

＊2　会社法人等番号の提供により会社分割の事実を確認できるときは、登記原因証明情報として提供すべき承継会社（設立会社）の登記事項証明書の提供に代えることができる（先例平27.10.23-512）。また、会社分割により法律上当然に共有の根抵当権となるため、所有権や抵当権の場合と異なり、分割契約書等の提供を要しない（先例平17.8.8-1811）。

＊3　登録免許税は、極度額を分割後の共有者の数で除した額に1000分の２を乗じた額である。本事例にあてはめると、極度額2000万÷分割後の共有者の数２＝1000万円を課税標準として、その1000分の２の金２万円が登録免許税額となる。

No.20 抵当権の移転（債権譲渡）

【事例】

抵当権者のＸが、Ａに対して有する債権の全額をＹに譲渡したときの抵当権移転登記の申請情報。

【申請情報】

登記の目的　１番抵当権移転　＊1
原　　　因　令和何年何月何日債権譲渡
権　利　者　何市何町何番地
　　　　　　　　Ｙ
義　務　者　何市何町何番地
　　　　　　　　Ｘ
添付情報　　登記原因証明情報
　　　　　　登記識別情報（Ｘの登記識別情報）
　　　　　　代理権限証明情報（Ｙ及びＸの委任状）
課税価格　　金1000万円
登録免許税　金２万円　＊2

＊1　債権の一部譲渡のケースは、以下のとおり置き換えればいい。

登記の目的　１番抵当権一部移転
原　　　因　令和何年何月何日債権一部譲渡
譲　渡　額　金600万円

登録免許税の課税標準金額は、譲渡額となる。

＊2　登録免許税は、債権額に1000分の２を乗じた額である。

参考

元本確定後の根抵当権の被担保債権の譲渡があったときも、同じように申請する。

No.21 抵当権の移転（代位弁済）

【事例】

１番抵当権の債務者Ａの保証人Ｂが、抵当権者Ｘに対して、被担保債権の全額を弁済した。この場合に申請すべき登記の申請情報。

【申請情報】

登記の目的　１番抵当権移転　＊1
原　　　因　令和何年何月何日代位弁済
権　利　者　何市何町何番地
　　　　　　Ｂ
義　務　者　何市何町何番地
　　　　　　Ｘ
添付情報　登記原因証明情報
　　　　　登記識別情報（Ｘの登記識別情報）
　　　　　代理権限証明情報（Ｂ及びＸの委任状）
課税価格　金1000万円
登録免許税　金２万円　＊2

＊1　一部代位弁済のケースは、以下のとおり置き換えよう。

登記の目的　１番抵当権一部移転
原　　　因　令和何年何月何日一部代位弁済
弁　済　額　金600万円

＊2　登録免許税は、債権額に1000分の２を乗じた額である。

ココをチェックしよう

記述式試験の問題文の事実関係で、「弁済」という事実が出てきたら、「誰が弁済したのか」を必ず確認しよう。

権　利　部（甲区）（所　有　権　に　関　す　る　事　項）			
順位番号	登記の目的	受付年月日・受付番号	権利者その他の事項
2	所有権移転	令和何年何月何日 第何号	原因　令和何年何月何日相続 所有者　何市何町何番地 A

権　利　部（乙区）（所有権以外の権利に関する事項）			
順位番号	登記の目的	受付年月日・受付番号	権利者その他の事項
1	抵当権設定	令和何年何月何日 第何号	原因　令和何年何月何日金銭消費貸借同日設定 債権額　金1000万円 利息　年７％ 債務者　何市何町何番地 A 抵当権者　何市何町何番地 X

抵当権や根抵当権の登記があるときは、債務者を必ずチェックするクセを付けておこう。

【パターンその1】

（事実関係）
令和何年何月何日、Xに対して、Aが被担保債権の全額を弁済した。

【申請すべき登記】

登記の目的	1番抵当権抹消
原　　　因	令和何年何月何日弁済

抵当権の抹消の登記の申請情報の詳細は、第11章で学習しよう。

【パターンその2】

（事実関係）
令和何年何月何日、Xに対して、保証人のBが被担保債権の全額を弁済した。

【申請すべき登記】

登記の目的	1番抵当権移転
原　　　因	令和何年何月何日代位弁済

One Point◆ 本試験の心得

上記のとおり、誰が弁済したかによって、申請すべき登記がまるで変わってきますから要注意です。

第5章 根抵当権と相続（合意の登記）

No.22 指定根抵当権者の合意の登記

元本確定前

【事例】

根抵当権者のXが死亡し、その相続人は、妻のY及び成年の子のZのみである。後日、関係当事者間で指定根抵当権者をYとする合意が成立したときの、指定根抵当権者の合意の登記の申請情報。

【完了後の登記記録（登記事項一部省略）】

権　利　部　（甲区）（所　有　権　に　関　す　る　事　項）			
順位番号	登記の目的	受付年月日・受付番号	権利者その他の事項
1	所有権保存	令和何年何月何日 第何号	所有者　何市何町何番地 A

権　利　部　（乙区）（所有権以外の権利に関する事項）			
順位番号	登記の目的	受付年月日・受付番号	権利者その他の事項
1	根抵当権設定	令和何年何月何日 第何号	原因　令和何年何月何日設定 債務者　何市何町何番地 A 根抵当権者　何市何町何番地 X
付記1号	1番根抵当権移転	令和何年何月何日 第何号	原因　令和何年何月何日相続 根抵当権者 何市何町何番地　Y 何市何町何番地　Z
付記2号	1番根抵当権変更	令和何年何月何日 第何号	原因　令和何年何月何日合意 指定根抵当権者 何市何町何番地　Y

One Point◆ 指定根抵当権者の合意の登記

合意の登記の前提として、相続を原因とする根抵当権の移転の登記の申請を要します。その申請情報は、No.17-2を参照しましょう。

【申請情報】

登記の目的　１番根抵当権変更
原　　　因　令和何年何月何日合意　＊１
指定根抵当権者　何市何町何番地
　Y
権　利　者　何市何町何番地　＊２
　Y
何市何町何番地
　Z
義　務　者　何市何町何番地
　A
添付情報　登記原因証明情報
登記識別情報（Aの登記識別情報）
印鑑証明書（Aの印鑑証明書）
代理権限証明情報（Y、Z及びAの委任状）
登録免許税　金1000円　＊３

＊１　合意をした日をもって「年月日合意」とする。なお、相続開始後６か月以内に合意の登記をしなければ、根抵当権の元本は、相続開始の時に確定したものとみなされる（民法398条の８第４項）。

＊２　登記権利者は、相続を原因とする根抵当権の移転の登記の登記名義人全員である（先例昭46.10.4-3230）。指定根抵当権者のみが申請人となるのではないので、注意しよう。なお、相続人の全員を指定根抵当権者としても、もちろんかまわない。

＊３　登録免許税は、不動産１個につき金1000円である。

参考　相続による根抵当権の移転の登記の申請情報（抜粋） No.17-2参照

登記の目的　１番根抵当権移転
原　　　因　令和何年何月何日相続
根抵当権者（被相続人　X）
何市何町何番地
　Y
何市何町何番地
　Z
添付情報　登記原因証明情報
代理権限証明情報（Y及びZの委任状）

No.23-1 指定債務者の合意の登記

基本形

【事例】

１番根抵当権の債務者Ｂが死亡し、その相続人は、妻のＣ及び成年の子のＤのみである。後日、関係当事者間で指定債務者をＣとする合意が成立したときの、指定債務者の合意の登記の申請情報。

【完了後の登記記録（一部省略）】

権　利　部　（甲区）（所　有　権　に　関　す　る　事　項）			
順位番号	登記の目的	受付年月日・受付番号	権利者その他の事項
1	所有権保存	令和何年何月何日 第何号	所有者　何市何町何番地 A

権　利　部　（乙区）（所有権以外の権利に関する事項）			
順位番号	登記の目的	受付年月日・受付番号	権利者その他の事項
1	根抵当権設定	令和何年何月何日 第何号	原因　令和何年何月何日設定 債務者　何市何町何番地 B 根抵当権者　何市何町何番地 X
付記１号	１番根抵当権変更	令和何年何月何日 第何号	原因　令和何年何月何日相続 債務者　何市何町何番地 C 何市何町何番地 D
付記２号	１番根抵当権変更	令和何年何月何日 第何号	原因　令和何年何月何日合意 指定債務者 何市何町何番地　C

One Point◆ 指定債務者の合意の登記

合意の登記の前提として、相続による根抵当権の債務者の変更の登記の申請を要します。その申請情報は、No.10-4 を参照しましょう。

【申請情報】

登記の目的　　１番根抵当権変更　　＊1
原　　　因　　令和何年何月何日合意　　＊2
指定債務者　　何市何町何番地
　　　　　　　　C
権　利　者　　何市何町何番地
　　　　　　　　X
義　務　者　　何市何町何番地
　　　　　　　　A
添付情報　　登記原因証明情報
　　　　　　登記識別情報（Aの登記識別情報）
　　　　　　印鑑証明書（Aの印鑑証明書）
　　　　　　代理権限証明情報（X及びAの委任状）
登録免許税　　金1000円　　＊3

＊1　登記の目的は、「何番根抵当権変更」である。共同根抵当権の場合は、「何番共同根抵当権変更」とする。なお、相続による債務者の変更の登記と、指定債務者の合意による変更の登記は、一の申請情報によって申請することはできない（質疑登研327P31）。

＊2　合意した日をもって、「年月日合意」とする。なお、相続開始後６か月以内に合意の登記をしなければ、根抵当権の元本は、相続開始の時に確定したものとみなされる（民法398条の８第４項）。

＊3　登録免許税は、不動産１個につき金1000円である。

参考　相続による債務者の変更登記の申請情報　No.10-4参照

登記の目的　　１番根抵当権変更
原　　　因　　令和何年何月何日相続
変更後の事項　債務者（被相続人　B）
　　　　　　　　何市何町何番地　　C
　　　　　　　　何市何町何番地　　D
権　利　者　　何市何町何番地
　　　　　　　　X
義　務　者　　何市何町何番地
　　　　　　　　A
添付情報　　登記原因証明情報　　登記識別情報
　　　　　　印鑑証明書　　代理権限証明情報

No.23-2 指定債務者の合意の登記のある根抵当権の追加設定

応 用

【事例】

関係当事者間で、別紙のとおりの登記記録のある乙区１番根抵当権につき、他の登記所の管轄区域内にあるＥ所有の乙不動産に追加設定することで合意した。このときの根抵当権の追加設定の登記の申請情報。

平成23年記述式

（別紙） 登記記録（一部省略）

権 利 部 （乙区）（所有権以外の権利に関する事項）			
順位番号	登記の目的	受付年月日・受付番号	権利者その他の事項
1	根抵当権設定	令和何年何月何日 第何号	原因 令和何年何月何日設定 極度額 金1000万円 債権の範囲 金銭消費貸借取引 債務者 何市何町何番地 B 根抵当権者 何市何町何番地 X
付記１号	１番根抵当権変更	令和何年何月何日 第何号	原因 令和何年何月何日相続 債務者 何市何町何番地 C 何市何町何番地 D
付記２号	１番根抵当権変更	令和何年何月何日 第何号	原因 令和何年何月何日合意 指定債務者 何市何町何番地 C

One Point◆ 合意の登記後の追加設定

本事例の急所は、債務者の記載です。被相続人Ｂ→相続人ＣＤ→指定債務者Ｃの一連の流れを全部記載することとなります。

【申請情報】

登記の目的　共同根抵当権設定（追加）
原　　因　令和何年何月何日設定
極 度 額　金1000万円
債権の範囲　金銭消費貸借取引
債務者（何市何町何番地　B（令和何年何月何日死亡）の相続人）　＊１
　　何市何町何番地　C
　　何市何町何番地　D
指定債務者（令和何年何月何日合意）
　　何市何町何番地　C
根抵当権者　何市何町何番地
　　X
設 定 者　何市何町何番地
　　E
添付情報　登記原因証明情報
　　登記識別情報（Ｅの登記識別情報）
　　印鑑証明書（Ｅの印鑑証明書）
　　前登記証明書　＊２
　　代理権限証明情報（Ｘ及びＥの委任状）
登録免許税　金1500円（登録免許税法第13条第２項）　＊３

＊１　債務者の表示として、①被相続人の住所及び氏名、死亡年月日、②相続人の住所及び氏名、③指定債務者の住所及び氏名、合意の日付を記載する（先例昭62.3.10-1083）。

＊２　今回追加設定した不動産と、すでに根抵当権の登記をした不動産の登記所の管轄が異なる場合、前登記証明書を提供する（不動産登記令別表56添付情報欄ロ）。

＊３　登録免許税は、不動産１個につき金1500円である。この場合、減税の根拠である登録免許税法第13条第２項を登録免許税の額に続けて提供する（不動産登記規則189条３項）。

参考 **No.23-2**の乙不動産の完了後の登記記録

権　利　部（甲区）（所　有　権　に　関　す　る　事　項）			
順位番号	登記の目的	受付年月日・受付番号	権利者その他の事項
2	所有権移転	令和何年何月何日 第何号	原因　令和何年何月何日売買 所有者　何市何町何番地 E

権　利　部（乙区）（所有権以外の権利に関する事項）			
順位番号	登記の目的	受付年月日・受付番号	権利者その他の事項
1	根抵当権設定	令和何年何月何日 第何号	原因　令和何年何月何日設定 極度額　金1000万円 債権の範囲　金銭消費貸借取引 債務者（何市何町何番地　B（令和何年何月何日死亡）の相続人） 何市何町何番地　C 何市何町何番地　D 指定債務者（令和何年何月何日合意） 何市何町何番地　C 根抵当権者　何市何町何番地 X 共同担保　目録（あ）第123号

One Point◆ 合意の登記と追加設定

No.23-2の指定債務者の合意の登記のある根抵当権の追加設定の事例は、平成23年の記述式の問題で出題済みです。また、右のページは、指定根抵当権者の合意の登記のある根抵当権に追加設定した場合の登記記録と申請情報の抜粋です。こちらも確認しておきましょう。

参考 指定根抵当権者の合意の登記がされている場合の追加設定登記の完了後の登記記録例

権　利　部　（乙区）（所有権以外の権利に関する事項）			
順位番号	登記の目的	受付年月日・受付番号	権利者その他の事項
1	根抵当権設定	令和何年何月何日 第何号	原因　令和何年何月何日設定 極度額　金1000万円 債権の範囲　　金銭消費貸借取引 債務者　何市何町何番地　　A 根抵当権者（何市何町何番地　X （令和何年何月何日死亡）の相続人） 何市何町何番地　Y 何市何町何番地　Z 指定根抵当権者（令和何年何月何日合意） 何市何町何番地　Y 共同担保　目録（あ）第123号

【申請情報（抜粋）】

登記の目的　　共同根抵当権設定（追加）
原　　　因　　令和何年何月何日設定
極　度　額　　金1000万円
債権の範囲　　金銭消費貸借取引
債　務　者　　何市何町何番地　　A
根抵当権者（何市何町何番地　X（令和何年何月何日死亡）の相続人）
　　　　　　　何市何町何番地　　Y
　　　　　　　何市何町何番地　　Z
指定根抵当権者（令和何年何月何日合意）
　　　　　　　何市何町何番地　　Y
設　定　者　　何市何町何番地　　A

指定債務者の場合と同じように、①被相続人の住所及び氏名、死亡年月日、②相続人の住所及び氏名、③指定根抵当権者の住所及び氏名、合意の日付を記載する（先例昭62.3.10-1083）。なお、添付情報や登録免許税は、No.6-2を参考にしよう。

第6章 抵当権の処分の登記

No.24 転抵当

【事例】

抵当権者Ｘが、Ｙのために転抵当を設定したときの申請情報。

【申請情報】

登記の目的	１番抵当権転抵当
原　　　因	令和何年何月何日金銭消費貸借同日設定
債　権　額	金800万円
利　　　息	年４％
債　務　者	何市何町何番地 Ｘ
権　利　者	何市何町何番地 Ｙ
義　務　者	何市何町何番地 Ｘ
添付情報	登記原因証明情報 登記識別情報（Ｘの登記識別情報） 代理権限証明情報（Ｙ及びＸの委任状）
登録免許税	金1000円　　＊

＊　登録免許税は、不動産１個につき金1000円であることに注意しよう。

No.25 順位譲渡・順位放棄

【事例】
1番抵当権者Xと3番抵当権者Zとの間で、1番抵当権の順位をZに譲渡（放棄）する合意が成立したときの申請情報。

【申請情報】

登記の目的	1番抵当権の3番抵当権への順位譲渡（順位放棄）
原　　因	令和何年何月何日順位譲渡（順位放棄）
権 利 者	何市何町何番地 Z
義 務 者	何市何町何番地 X
添付情報	登記原因証明情報 登記識別情報（Xの登記識別情報） 代理権限証明情報（Z及びXの委任状）
登録免許税	金1000円　　＊

＊　登録免許税は、不動産1個につき金1000円である。

One Point◆ 順位譲渡・順位放棄

抵当権の順位譲渡（順位放棄）は、平成10年の記述式で出題されたことがあります。一応、基本的な申請情報のカタチは確認しておきましょう。なお、本書では、抵当権の譲渡・放棄に関しては、割愛しております。

第3編 抵当権・根抵当権に関する登記

第7章 根抵当権の全部譲渡等

No.26-1 根抵当権の全部譲渡

元本確定前　基本形

【事例】

令和何年12月１日、ＸＹ間で、元本確定前のＸの１番根抵当権をＹに全部譲渡する旨の合意が成立した。同月３日に設定者のＡの承諾を得たときの、全部譲渡による根抵当権の移転の登記の申請情報。

〈平成27年記述式〉

【完了後の登記記録（登記事項一部省略）】

権　利　部　（甲区）（所　有　権　に　関　す　る　事　項）			
順位番号	登記の目的	受付年月日・受付番号	権利者その他の事項
1	所有権保存	令和何年何月何日 第何号	所有者　何市何町何番地 Ａ

権　利　部　（乙区）（所有権以外の権利に関する事項）			
順位番号	登記の目的	受付年月日・受付番号	権利者その他の事項
1	根抵当権設定	令和何年何月何日 第何号	原因　令和何年何月何日設定 極度額　金1000万円 債権の範囲　金銭消費貸借取引 債務者　何市何町何番地 Ａ 根抵当権者　何市何町何番地 Ｘ
付記１号	１番根抵当権移転	令和何年何月何日 第何号	原因　令和何年12月３日譲渡 根抵当権者　何市何町何番地 Ｙ

One Point◆ 全部譲渡

本事例の急所は、登記原因の日付です。全部譲渡を基本形として、根抵当権の分割譲渡、一部譲渡の申請情報も正確に書けるようにしておきましょう。

【申請情報】

```
登記の目的　１番根抵当権移転　　＊１
原　　　因　令和何年12月３日譲渡　　＊２
権　利　者　何市何町何番地
　　　　　　　　Y
義　務　者　何市何町何番地
　　　　　　　　X
添付情報　　登記原因証明情報
　　　　　　登記識別情報（Xの登記識別情報）
　　　　　　承諾を証する情報（Aの承諾書）
　　　　　　代理権限証明情報（Y及びXの委任状）
課税価格　　金1000万円
登録免許税　金２万円　　＊３
```

＊１　共同根抵当権の場合、登記の目的を「１番共同根抵当権移転」とする。

＊２　登記原因の日付に注意しよう。契約の日よりも後に設定者の承諾を得たときは、設定者の承諾を得た日が登記原因の日付となる。

＊３　登録免許税は、極度額に1000分の２を乗じた額である。

No.26-2 根抵当権の分割譲渡

元本確定前　基本形➡変形

【事例】

令和何年12月１日、ＸＹ間で、元本確定前のＸの１番根抵当権を金600万円と金400万円に分割し、極度額金400万円の根抵当をＹに譲渡する旨の合意が成立した。同月３日に必要な利害関係人の承諾を得たときの、根抵当権の分割譲渡の登記の申請情報。

〈平成16年記述式〉〈令和３年記述式〉

【申請前の登記記録（登記事項一部省略)】

権　利　部　（甲区）（所　有　権　に　関　す　る　事　項）			
順位番号	登記の目的	受付年月日・受付番号	権利者その他の事項
1	所有権保存	令和何年何月何日 第何号	所有者　何市何町何番地 A

権　利　部　（乙区）（所有権以外の権利に関する事項）			
順位番号	登記の目的	受付年月日・受付番号	権利者その他の事項
1	根抵当権設定	平成30年４月５日 第6789号	原因　平成30年４月５日設定 極度額　金1000万円 債権の範囲　金銭消費貸借取引 債務者　何市何町何番地 A 根抵当権者　何市何町何番地 X
付記１号	１番根抵当権転抵当	(省略)	転抵当権者　Z

One Point◆ 基本形→変形のコツ

根抵当権の分割譲渡の申請情報は、記載量が多くなっています。登記記録と照らし合わせながら、申請情報をしっかりと覚えましょう。なお、完了後の登記記録は、後述の「ココをチェックしよう」で確認できます。

【申請情報】

登記の目的　１番根抵当権分割譲渡　＊１
原　　因　令和何年12月３日分割譲渡
（根抵当権の表示）　＊２
　平成30年４月５日受付第6789号
　原　因　平成30年４月５日設定
　極度額　金400万円（分割後の原根抵当権の極度額　金600万円）
　債権の範囲　金銭消費貸借取引
　債務者　何市何町何番地　A
権　利　者　何市何町何番地
　　　　　Y
義　務　者　何市何町何番地
　　　　　X
添付情報　登記原因証明情報
　　　　　登記識別情報（Xの登記識別情報）
　　　　　承諾を証する情報（A及びZの承諾書）　＊３
　　　　　代理権限証明情報（Y及びXの委任状）
課税価格　金400万円
登録免許税　金8000円　＊４

＊１　共同根抵当権の場合は、登記の目的を「１番共同根抵当権分割譲渡」とする。

＊２　共同根抵当権の場合には、根抵当権の表示として、以下の要領で共同担保目録も記載する（不登令別表60、不登規則169条１項）。

（根抵当権の表示）
　平成30年４月５日受付第6789号
　原　因　平成30年４月５日設定
　極度額　金400万円（分割後の原根抵当権の極度額　金600万円）
　債権の範囲　金銭消費貸借取引
　債務者　何市何町何番地　A
　共同担保　目録（あ）第123号

＊３　転抵当権など、分割譲渡する根抵当権を目的とする権利があるときは、その権利は譲り渡した根抵当権について消滅する。そのため、設定者の承諾のほか、転抵当権者等の承諾を要する（民法398条の12第２項、３項）。

＊４　登録免許税は、分割譲渡した極度額に1000分の２を乗じた額である。

ここでは、分割譲渡後の完了後の登記記録例を確認しよう。
下記の登記記録が、右のページのとおり書き換わるのである。

【申請前の登記記録（登記事項一部省略）】

権　利　部　（乙区）（所有権以外の権利に関する事項）			
順位番号	登記の目的	受付年月日・受付番号	権利者その他の事項
1	根抵当権設定	平成30年４月５日 第6789号	原因　平成30年４月５日設定 極度額　金1000万円 債権の範囲　金銭消費貸借取引 債務者　何市何町何番地 A 根抵当権者　何市何町何番地 X
付記１号	１番根抵当権転抵当	（省略）	転抵当権者　Z

One Point◆ 本試験の心得

根抵当権の分割譲渡により、同順位の別個独立の根抵当権が誕生します。また、完了後の記録例のうち、１番（あ）の付記２号にも注目しましょう。１番（あ）の根抵当権の極度額は減額することとなりますが、その減額変更の登記は、登記官の職権によります。

【完了後の登記記録（登記事項一部省略）】

権　利　部　（乙区）（所有権以外の権利に関する事項）			
順位番号	登記の目的	受付年月日・受付番号	権利者その他の事項
1（あ）	根抵当権設定	平成30年４月５日 第6789号	原因　平成30年４月５日設定 極度額　金1000万円 債権の範囲　金銭消費貸借取引 債務者　何市何町何番地 A 根抵当権者　何市何町何番地 X
付記１号	１番根抵当権転抵当	（省略）	転抵当権者　Z
付記２号	１番（あ）根抵当権変更	余白	極度額　金600万円 分割譲渡により令和何年何月何日付記
1（い）	１番根抵当権分割譲渡	令和何年何月何日 第何号	原因　令和何年12月３日分割譲渡 （根抵当権の表示） 平成30年４月５日受付 第6789号 原因　平成30年４月５日設定 極度額　金400万円 債権の範囲　金銭消費貸借取引 債務者　何市何町何番地 A 根抵当権者　何市何町何番地 Y

No.26-3 根抵当権の一部譲渡

元本確定前　基本形➡変形

【事例】

令和何年12月１日、ＸＹ間で、元本確定前のＸの１番根抵当権をＹに一部譲渡する旨の合意が成立した。同月３日に設定者のＡの承諾を得たときの、一部譲渡による根抵当権の一部移転の登記の申請情報。

〈平成28年記述式〉

【完了後の登記記録（登記事項一部省略）】

権　利　部　（甲区）　（所　有　権　に　関　す　る　事　項）			
順位番号	登記の目的	受付年月日・受付番号	権利者その他の事項
1	所有権保存	令和何年何月何日 第何号	所有者　何市何町何番地 A

権　利　部　（乙区）　（所有権以外の権利に関する事項）			
順位番号	登記の目的	受付年月日・受付番号	権利者その他の事項
1	根抵当権設定	令和何年何月何日 第何号	原因　令和何年何月何日設定 極度額　金1000万円 債権の範囲　金銭消費貸借取引 債務者　何市何町何番地 A 根抵当権者　何市何町何番地 X
付記１号	１番根抵当権一部移転	令和何年何月何日 第何号	原因　令和何年12月３日一部譲渡 根抵当権者　何市何町何番地 Y

One Point◆ 基本形→変形のコツ

根抵当権の一部譲渡により、根抵当権は、譲渡人と譲受人の共有となります。そのため、根抵当権の一部移転の登記を申請します。なお、転抵当権者がいるときに、その者が利害関係人となるのは、分割譲渡の場合だけです。

【申請情報】

登記の目的　１番根抵当権一部移転　＊１
原　　　因　令和何年12月３日一部譲渡　＊２
権　利　者　何市何町何番地
　　　　　　Y
義　務　者　何市何町何番地
　　　　　　X
添付情報　登記原因証明情報
　　　　　登記識別情報（Xの登記識別情報）
　　　　　承諾を証する情報（Aの承諾書）
　　　　　代理権限証明情報（Y及びXの委任状）
課税価格　金500万円
登録免許税　金１万円　＊３

＊１　共同根抵当権の場合は、登記の目的を「１番共同根抵当権一部移転」とする。
＊２　契約の日よりも後に設定者の承諾を得たときは、承諾を得た日が登記原因の日付となる。
＊３　登録免許税は、一部譲渡後の根抵当権の共有者の数で極度額を除して計算した金額に1000分の２を乗じた額である。

先例

根抵当権の一部譲渡による一部移転の登記を申請する場合に、譲受人が数人いるときの登録免許税の課税価格は、極度額を譲渡後の共有者の数で割った額に、譲受人の人数を乗じた額となる（質疑登研533P157）。

例　極度額3000万円の根抵当権を、根抵当権者ＡがＢＣに一部譲渡した場合
　１　3000万円÷３（一部譲渡後の共有者の数）×２（譲受人の数）＝2000万円
　２　この2000万円が課税価格となるので、これに1000分の２を乗じた金４万円が登録免許税となる。

No.27 根抵当権の共有者の権利移転の登記

元本確定前

【事例】

令和何年12月１日、元本確定前の１番根抵当権の共有者ＹがＺに対して、その権利を譲渡する旨の合意が成立した。同月３日に必要な利害関係人の承諾等を得たものとして、上記の事実に基づいて申請すべき登記の申請情報。

【完了後の登記記録（登記事項一部省略）】

権　利　部　（甲区）（所　有　権　に　関　す　る　事　項）			
順位番号	登記の目的	受付年月日・受付番号	権利者その他の事項
1	所有権保存	令和何年何月何日 第何号	所有者　何市何町何番地 A

権　利　部　（乙区）（所有権以外の権利に関する事項）			
順位番号	登記の目的	受付年月日・受付番号	権利者その他の事項
1	根抵当権設定	令和何年何月何日 第何号	原因　令和何年何月何日設定 極度額　金1000万円 債権の範囲　金銭消費貸借取引 債務者　何市何町何番地 A 根抵当権者 何市何町何番地　X 何市何町何番地　Y
付記１号	１番根抵当権共有者Ｙの権利移転	令和何年何月何日 第何号	原因　令和何年12月３日譲渡 根抵当権者　何市何町何番地 Z

One Point◆ 根抵当権の共有者の権利の移転

根抵当権の共有者は、設定者の承諾と他の共有者の同意を得て、その根抵当権を第三者に全部譲渡することができます（民法398条の14第２項）。本事例の急所は、設定者の承諾のほか、他の共有者の同意も要することです。

【申請情報】

登記の目的	1番根抵当権共有者Yの権利移転
原　　　因	令和何年12月3日譲渡　　＊1
権　利　者	何市何町何番地 Z
義　務　者	何市何町何番地 Y
添付情報	登記原因証明情報 登記識別情報（Yの登記識別情報） 承諾を証する情報（Aの承諾書）　　＊2 同意を証する情報（Xの同意書） 代理権限証明情報（Z及びYの委任状）
課税価格	金500万円
登録免許税	金1万円　　＊3

＊1　契約の日よりも後に設定者の承諾または他の共有者の同意が得られたときは、その承諾または同意の日が登記原因の日付となる。

＊2　設定者Aの承諾書と、他の共有者Xの同意書を添付する。

＊3　登録免許税は、譲渡前の根抵当権の共有者の数で極度額を除して計算した金額に1000分の2を乗じた額である。

参考 根抵当権の共有者がその権利を放棄したときの申請情報（抜粋）

登記の目的	1番根抵当権共有者Yの権利移転
原　　　因	令和何年何月何日放棄
権　利　者	何市何町何番地　　X
義　務　者	何市何町何番地　　Y
添付情報	登記原因証明情報　登記識別情報 代理権限証明情報

根抵当権の共有者がその権利を放棄したときは、設定者の承諾や他の共有者の同意を要しない。

第8章 順位変更の登記、賃借権の先順位抵当権に優先する同意の登記

No.28-1 順位変更

基本形

【事例】

１番でＸの抵当権、２番でＹの根抵当権、３番でＺの抵当権、１番付記１号でＷの転抵当権がそれぞれ登記されている。関係当事者間で、担保権の順位を「第１　Ｚ　第２　Ｙ　第３　Ｘ」とする合意が、令和何年12月１日に成立した。また、同月３日、手続に必要な利害関係人の承諾を得た。この場合に申請すべき登記の申請情報。

平成16年記述式

【完了後の登記記録（登記事項一部省略）】

権　利　部　（乙区）（所有権以外の権利に関する事項）			
順位番号	登記の目的	受付年月日・受付番号	権利者その他の事項
1 (4)	抵当権設定	令和何年何月何日 第何号	抵当権者 何市何町何番地　Ｘ
	１番抵当権転抵当	（省略）	転抵当権者　Ｗ
2 (4)	根抵当権設定	令和何年何月何日 第何号	根抵当権者 何市何町何番地　Ｙ
3 (4)	抵当権設定	令和何年何月何日 第何号	抵当権者 何市何町何番地　Ｚ
4	１番、２番、３番順位変更	令和何年何月何日 第何号	原因　令和何年12月３日合意 第１　３番抵当権 第２　２番根抵当権 第３　１番抵当権

One Point◆ 順位変更

順位変更の登記は、申請情報も特殊です。申請人はもちろん、変更後の順位も正確に記載できるようにしておきましょう。また、元本確定前の根抵当権、質権、先取特権、また、それらの仮登記も、順位変更をすることができます。

【申請情報】

登記の目的	1番、2番、3番順位変更
原　　　因	令和何年12月3日合意
変更後の順位	第1　3番抵当権
	第2　2番根抵当権
	第3　1番抵当権
申　請　人	何市何町何番地 X 何市何町何番地 Y 何市何町何番地 Z
添付情報	登記原因証明情報 登記識別情報（X、Y、Zの登記識別情報）　＊1 承諾を証する情報（Wの承諾書）　＊2 代理権限証明情報（X、Y及びZの委任状）
登録免許税	金3000円　＊3

＊1　抵当権の取得の登記を受けた際の申請人全員の登記識別情報を提供する。

＊2　順位の下がる抵当権等に権利を有する転抵当権者などが利害関係人となる。そして、当事者の合意よりも後に利害関係人の承諾を得たときは、承諾の日が登記原因の日付となる。

＊3　登録免許税は、不動産1個につき、抵当権の件数×1000円である。

先例

① 未登記の抵当権を含めて順位変更の合意をし、その後、抵当権の設定の登記及び順位変更の登記を申請する場合の順位変更の登記の登記原因の日付は、未登記の抵当権の設定の登記をした日（登記申請日）である（質疑登研367P136）。

② 順位変更の当事者の一部に国または登録免許税法別表2に掲げられた非課税法人が含まれている場合でも、国等を含めたすべての抵当権が課税の対象となる（先例昭43.10.31-8188）。

No.28-2 賃借権の先順位抵当権に優先する同意の登記

基本形➡変形

【事例】

１番でＸの抵当権、２番でＹの根抵当権、３番でＺの賃借権、１番付記１号でＷの転抵当権がそれぞれ登記されている。令和何年12月１日、関係当事者間で、３番賃借権を先順位抵当権等に優先する同意の登記をすることで合意が成立した。第三者の承諾等が必要な場合、同月３日にその承諾を得たものとして、上記の事実に基づいて申請すべき登記の申請情報。

〈平成29年記述式〉

【完了後の登記記録（登記事項一部省略）】

権　利　部　（乙区）（所有権以外の権利に関する事項）			
順位番号	登記の目的	受付年月日・受付番号	権利者その他の事項
１（４）	抵当権設定	令和何年何月何日 第何号	抵当権者 何市何町何番地　Ｘ
	１番抵当権転抵当	（省略）	転抵当権者　Ｗ
２（４）	根抵当権設定	令和何年何月何日 第何号	根抵当権者 何市何町何番地　Ｙ
３（４）	賃借権設定	令和何年何月何日 第何号	賃借権者 何市何町何番地　Ｚ
４	３番賃借権の１番抵当権、２番根抵当権に優先する同意	令和何年何月何日 第何号	原因　令和何年12月３日同意

One Point◆ 基本形→変形のコツ

本事例は、順位変更の登記と似た部分もあるから、セットで学習すると効率がよいでしょう。ただし、似ているとはいっても、登記の申請形式が異なることに注意を要します。それを意識して、申請情報を書いてみましょう。

【申請情報】

登記の目的	3番賃借権の1番抵当権、2番根抵当権に優先する同意
原　　　因	令和何年12月3日同意　　＊1
権　利　者	何市何町何番地　　＊2 Z
義　務　者	何市何町何番地 X 何市何町何番地 Y
添付情報	登記原因証明情報 登記識別情報（X及びYの登記識別情報） 承諾を証する情報（Wの承諾書）　　＊3 代理権限証明情報（Z、X及びYの委任状）
登録免許税	金3000円　　＊4

＊1　すべての先順位の抵当権者の同意を得た日をもって、「年月日同意」とする。また、同意によって不利益を受けるべき者がいる場合で、同意の日よりも後にその者の承諾を得たときは、その承諾の日が登記原因の日付となる。

＊2　順位変更の登記と異なり、原則どおりの共同申請である。

＊3　同意によって不利益を受けるべき者がいるときは、その者の承諾を証する情報の提供を要する（不登令7条1項5号ハ、先例平15.12.25-3817）。具体的には、転抵当権者など、賃借権に先順位の抵当権を目的とする権利を有する者が利害関係人となる。

＊4　登録免許税は、不動産1個につき、変更に係る賃借権及び抵当権の数×金1000円である。

第9章 共有根抵当の優先の定めの登記

No.29 優先の定めの登記

【事例】

元本確定前の根抵当権の共有者X及びYの間で、配当の割合について「X３・Y７」の割合とする合意が成立した。この場合に申請すべき登記の申請情報。

【完了後の登記記録（登記事項一部省略）】

権　利　部　（乙区）（所有権以外の権利に関する事項）			
順位番号	登記の目的	受付年月日・受付番号	権利者その他の事項
1	根抵当権設定	令和何年何月何日 第何号	原因　令和何年何月何日設定 債務者　何市何町何番地 A 根抵当権者　何市何町何番地 X
付記１号	１番根抵当権一部移転	令和何年何月何日 第何号	原因　令和何年何月何日一部譲渡 根抵当権者　何市何町何番地 Y
付記２号	１番根抵当権優先の定	令和何年何月何日 第何号	原因　令和何年何月何日合意 優先の定　X３・Y７の割合

One Point◆ 優先の定

優先の定めの登記の形式は、順位変更の登記と同じです。ですが、登録免許税や、完了後の登記の実行の形式が異なります。これも、両者を比較しながらセットで覚えるとよいでしょう。

【申請情報】

登記の目的	１番根抵当権優先の定
原　　　因	令和何年何月何日合意
優先の定	Ｘ３・Ｙ７の割合
申　請　人	何市何町何番地　　＊１ Ｘ 何市何町何番地 Ｙ
添付情報	登記原因証明情報 登記識別情報（Ｘ及びＹの登記識別情報）　＊２ 代理権限証明情報（Ｘ及びＹの委任状）
登録免許税	金1000円　＊３

＊１　優先の定めの登記の申請形式は、共有物分割禁止の定めに基づく所有権の変更の登記（第２編 No.27）や、順位変更の登記（No.28-1）と同様に、いわゆる合同申請である。

＊２　申請人である共有者全員の根抵当権の取得の登記を受けた際の登記識別情報を提供する。

＊３　登録免許税は、不動産１個につき金1000円である。

先例

① 数人の共有とする根抵当権の設定契約と同時に、共有者間で優先の定めの合意をした場合であっても、根抵当権の設定の登記と優先の定めの登記を一の申請情報によって申請することはできない（先例昭46.10.4-3230、質疑登研757P165）。

② 根抵当権の一部譲渡の契約と同時に、譲渡人と譲受人の間で優先の定めの合意をした場合であっても、根抵当権の一部移転の登記と優先の定めの登記を一つの申請情報で申請することはできない（先例昭46.12.24-3630）。

→第２編 No.28 の事案とよく比較しよう。

第10章 根抵当権の元本の確定

No.30-1 元本確定の登記

基本形

【事例】

1番根抵当権の元本が確定したときの申請情報。

【完了後の登記記録（登記事項一部省略）】

権　利　部　（甲区）（所　有　権　に　関　す　る　事　項）			
順位番号	登記の目的	受付年月日・受付番号	権利者その他の事項
1	所有権保存	令和何年何月何日 第何号	所有者　何市何町何番地 A

権　利　部　（乙区）（所有権以外の権利に関する事項）			
順位番号	登記の目的	受付年月日・受付番号	権利者その他の事項
1	根抵当権設定	令和何年何月何日 第何号	原因　令和何年何月何日設定 極度額　金1000万円 債権の範囲　金銭消費貸借取引 債務者　何市何町何番地 A 根抵当権者　何市何町何番地 株式会社X銀行
付記1号	1番根抵当権元本確定	令和何年何月何日 第何号	原因　令和何年何月何日確定

One Point◆ 元本確定

元本確定の登記は、債権譲渡による根抵当権の移転の登記など、元本確定後に限り申請できる登記の前提登記です。

【申請情報】

登記の目的　1番根抵当権元本確定
原　　　因　令和何年何月何日確定
権　利　者　何市何町何番地　　　＊1
　　　　　　A
義　務　者　何市何町何番地
　　　　　　株式会社X銀行
　　　　　　（会社法人等番号　1234-56-789012）
　　　　　　代表取締役　甲
添付情報　　登記原因証明情報
　　　　　　登記識別情報（株式会社X銀行の登記識別情報）
　　　　　　会社法人等番号
　　　　　　代理権限証明情報（A及び株式会社X銀行の代表者の委任状）
登録免許税　金1000円　＊2

＊1　申請人は、根抵当権設定者が登記権利者、根抵当権者が登記義務者となる。
＊2　登録免許税は、不動産1個につき金1000円である。

参考　登記事項証明書を提供して申請する場合の申請情報

登記の目的　1番根抵当権元本確定
原　　　因　令和何年何月何日確定
権　利　者　何市何町何番地
　　　　　　A
義　務　者　何市何町何番地
　　　　　　株式会社X銀行
　　　　　　代表取締役　甲
添付情報　　登記原因証明情報　登記識別情報
　　　　　　登記事項証明書　　代理権限証明情報

No.30-2 元本確定の登記（単独申請）

基本形➡変形

【事例】

根抵当権者である株式会社X銀行（代表取締役　甲）が、元本の確定請求をした。この場合に、元本確定の登記を単独で申請するときの申請情報。

【完了後の登記記録（登記事項一部省略）】

権　利　部　（甲区）（所　有　権　に　関　す　る　事　項）			
順位番号	登記の目的	受付年月日・受付番号	権利者その他の事項
1	所有権保存	令和何年何月何日 第何号	所有者　何市何町何番地 A

権　利　部　（乙区）（所有権以外の権利に関する事項）			
順位番号	登記の目的	受付年月日・受付番号	権利者その他の事項
1	根抵当権設定	令和何年何月何日 第何号	原因　令和何年何月何日設定 極度額　金1000万円 債権の範囲　銀行取引 債務者　何市何町何番地 A 根抵当権者　何市何町何番地 株式会社X銀行
付記1号	1番根抵当権元本確定	令和何年何月何日 第何号	原因　令和何年何月何日確定

One Point◆ 元本確定登記と単独申請

根抵当権者が元本の確定請求をした場合、根抵当権者は、その元本確定の登記を単独で申請することができます（不動産登記法93条、民法398条の19第2項）。また、本事例のほかにも、元本確定の登記を単独で申請できる場合をあわせて確認しておきましょう。

【申請情報】

登記の目的　1番根抵当権元本確定
原　　　因　令和何年何月何日確定
権　利　者　何市何町何番地
　　　　　　　　A
義　務　者　何市何町何番地
　（申請人）　株式会社X銀行
　　　　　　（会社法人等番号　1234-56-789012）
　　　　　　　代表取締役　甲
添付情報　　登記原因証明情報　　＊1
　　　　　　会社法人等番号
　　　　　　代理権限証明情報（株式会社X銀行の代表者の委任状）
登録免許税　金1000円　　＊2

＊1　登記原因証明情報として、民法398条の19第2項の規定による請求をしたことを証する情報を提供する（不動産登記令別表61添付情報欄、具体的には配達証明付の内容証明郵便）。
　また、不動産登記法93条の規定によって、根抵当権者が単独で元本の確定登記を申請するときは、登記識別情報の提供を要しない（質疑登研676P183）。
＊2　登録免許税は、不動産1個につき金1000円である。

先例

根抵当権者の元本確定請求によって元本が確定したときのほか、次の場合にも、根抵当権者は、元本確定の登記を単独で申請することができる（不動産登記法93条本文）。

1　民法398条の20第1項3号の規定によって元本が確定した場合
　→民事執行法等の規定による催告または通知を受けたことを証する情報を提供する。
2　民法398条の20第1項4号の規定によって元本が確定した場合
　→破産手続開始決定があったことを証する情報を提供する。

ただし、この1及び2の場合、元本確定登記の申請は、当該根抵当権またはこれを目的とする権利の取得の登記の申請と併せてしなければならない（不動産登記法93条ただし書）。

第11章 抵当権・根抵当権の抹消の登記

No.31-1 弁済による抵当権の抹消登記 基本形

【事例】
抵当権の債務者Aが、抵当権者の株式会社X銀行（代表取締役甲）に対し、その負担する債務の全額を弁済したときの抵当権の抹消登記の申請情報。

【完了後の登記記録（登記事項一部省略）】

権　利　部（甲区）（所　有　権　に　関　す　る　事　項）			
順位番号	登記の目的	受付年月日・受付番号	権利者その他の事項
1	所有権保存	令和何年何月何日 第何号	所有者　何市何町何番地 A

権　利　部（乙区）（所有権以外の権利に関する事項）			
順位番号	登記の目的	受付年月日・受付番号	権利者その他の事項
1	抵当権設定	令和何年何月何日 第何号	原因　年月日金銭消費貸借年月日設定 債権額　金1000万円 債務者　何市何町何番地 A 抵当権者　何市何町何番地 株式会社X銀行
2	1番抵当権抹消	令和何年何月何日 第何号	原因　令和何年何月何日弁済

One Point◆ 抵当権の抹消

抵当権の抹消登記のうち、弁済を原因とするものがスタンダードです。誰が弁済したのかを常に頭に置きながら、申請情報をスラスラ書けるようにしておきましょう。なお、根抵当権の場合、弁済を原因とする抹消登記は、元本確定後に限りすることができます。その申請情報は、抵当権に準じて考えればよろしいです。

【申請情報】

登記の目的　１番抵当権抹消
原　　　因　令和何年何月何日弁済　＊１
権　利　者　何市何町何番地　＊２
　　　　　　A
義　務　者　何市何町何番地
　　　　　　株式会社X銀行
　　　　　　（会社法人等番号　1234-56-789012）
　　　　　　代表取締役　甲
添付情報　登記原因証明情報
　　　　　登記識別情報（株式会社X銀行の登記識別情報）
　　　　　会社法人等番号
　　　　　（承諾を証する情報）　＊３
　　　　　代理権限証明情報（A及び株式会社X銀行の代表者の委任状）
登録免許税　金1000円　＊４

＊1　弁済した日をもって「年月日弁済」とする。このほか、「解除」「取消」など、事案に応じて登記原因を置き換えよう。また、以下のリンク先も、復習しておこう。

1　代物弁済を原因とする抵当権の登記の抹消　→　第２編の No.13-2

2　主債務消滅を原因とする抵当権の登記の抹消　→　第３編の No.2-2

＊2　申請人は、抵当権設定者が登記権利者、抵当権者が登記義務者となる。

＊3　転抵当権者など、抹消する抵当権を目的とする権利があるときは、その者の承諾を証する情報の提供を要する（不動産登記法68条）。

＊4　登録免許税は、不動産１個につき金1000円である。

先例

① 所有権の時効取得によって抵当権が消滅した場合、抵当権抹消登記の登記原因及びその日付は、「年月日所有権の時効取得」である。
　→日付は、所有権を時効取得した日（占有開始の日）である。

② 買戻権の行使により抵当権が消滅したときの登記原因及びその日付は、買戻権を行使した日をもって、「年月日買戻権行使による所有権移転」である。

③ 同一の不動産に登記された同一の権利者が有する抵当権と根抵当権が同一の原因によって消滅したときは、その抵当権と根抵当権の登記の抹消を１つの申請情報によって申請することができる（登記研究434P146、登記研究564P69）。
　→この場合の登記の目的は、「何番抵当権、何番根抵当権抹消」である。

No.31-2 弁済による抵当権の抹消（別紙・応用）

【事例】

株式会社X銀行（代表取締役甲）は、令和何年何月何日、債務者兼設定者であるAから、甲土地に設定した１番抵当権の登記に係る被担保債権の全額の弁済を受けたため、別紙のとおりの解除証書を作成した。この場合の抵当権抹消登記の申請情報。なお、申請人の住所または本店、会社法人等番号の記載は要しないものとする。

令和４年、平成31年記述式

（別紙）

抵当権解除証書

何市何町何番地　A　殿

平成何年何月何日付抵当権設定契約により、次の不動産に設定した抵当権（平成何月何日何法務局何出張所受付第何号登記済）は、本日、被担保債権の全額について弁済を受け消滅しました。

不動産の表示　何市何区何町803番３　宅地　222・33㎡

令和何年何月何日

何市何町何番地　株式会社X銀行

代表取締役　甲　印

One Point◆ 解除証書

本事案は、令和４年の本試験をベースとしたものです。急所は、登記原因です。事実関係および別紙の内容から登記原因を判断して、申請情報を書いてみましょう。

【申請情報】

登記の目的	1番抵当権抹消
原　　　因	令和何年何月何日弁済　　＊
権　利　者	A
義　務　者	株式会社X銀行 代表取締役　甲
添付情報	登記原因証明情報 登記識別情報（株式会社X銀行の登記識別情報） 会社法人等番号 （承諾を証する情報） 代理権限証明情報（A及び株式会社X銀行の代表者の委任状）
登録免許税	金1000円

＊　事実関係および別紙の内容（弁済を受けた）から、登記原因は「弁済」である。解除証書という表記に惑わされないコト。登記原因の日付は、弁済の日である。

先例

① 抵当権などの所有権以外の権利（買戻権を含む）の抹消登記を申請する場合において、登記義務者の住所等に変更が生じているときは、その変更を証する情報を提供すれば足り、抹消登記の前提として、登記名義人の住所等の変更登記の申請を要しない（先例昭31.10.17-2370）。

② 抵当権の抹消登記を申請する場合において、設定者である所有権登記名義人の住所等に変更が生じているときは、前提として、所有権登記名義人の住所等の変更登記を要する（質疑登研355P90）。

③ 抵当権の登記名義人が合併により消滅した後に、合併による承継会社が債務者から弁済を受けたときは、抵当権の抹消登記の前提として、合併による抵当権移転登記の申請を要する（先例昭32.12.27-2440）。

④ 抵当権設定者が死亡した後に、弁済によって抵当権が消滅したときは、抵当権の抹消登記の前提として、相続による所有権移転登記の申請を要する（質疑登研564P143）。

No.31-3 混同による抵当権の抹消登記

基本形➡変形

【事例】

抵当権者Xが、抵当不動産の所有権を取得したため、1番抵当権につき混同が生じたときの抵当権の抹消登記の申請情報。

【完了後の登記記録（登記事項一部省略）】

権　利　部　（甲区）（所　有　権　に　関　す　る　事　項）			
順位番号	登記の目的	受付年月日・受付番号	権利者その他の事項
1	所有権保存	令和何年何月何日 第何号	所有者　何市何町何番地 A
2	所有権移転	令和何年何月何日 第何号	原因　令和何年何月何日売買 所有者　何市何町何番地 X

権　利　部　（乙区）（所有権以外の権利に関する事項）			
順位番号	登記の目的	受付年月日・受付番号	権利者その他の事項
1	抵当権設定	令和何年何月何日 第何号	原因　令和何年何月何日金銭消費貸借同日設定 債権額　金1000万円 債務者　何市何町何番地 A 抵当権者　何市何町何番地 X
2	1番抵当権抹消	令和何年何月何日 第何号	原因　令和何年何月何日混同

One Point◆ 基本形→変形のコツ

混同による抵当権の抹消の登記は、事実上の単独申請となります。しかし、抵当権者には登記義務者のカオもあるので、登記識別情報の提供を要することに注意しましょう。

【申請情報】

登記の目的　１番抵当権抹消
原　　　因　令和何年何月何日混同
権利者兼義務者
　　　　　　何市何町何番地
　　　　　　　X
添付情報　　登記原因証明情報（提供省略）　＊1
　　　　　　登記識別情報（Xの登記識別情報）　＊2
　　　　　（承諾を証する情報）
　　　　　　代理権限証明情報（Xの委任状）
登録免許税　金1000円　＊3

＊1　登記記録自体が混同を証明しているケースでは、登記原因証明情報は、その提供を省略することができる（質疑登研690P221）。なお、本書では、「（提供省略）」として表記することとする。

＊2　登記義務者である抵当権者の登記識別情報を提供する（先例平2.4.18-1494）。

＊3　登録免許税は、不動産１個につき金1000円である。

No.32 抵当権の共有者の一方への弁済

【事例】

債務者Aが、抵当権の共有者X及びYのうち、Yへの債務の全額を弁済したときの申請情報。

〈平成４年記述式〉

【完了後の登記記録（登記事項一部省略）】

権　利　部　（甲区）（所　有　権　に　関　す　る　事　項）			
順位番号	登記の目的	受付年月日・受付番号	権利者その他の事項
1	所有権保存	令和何年何月何日 第何号	所有者　何市何町何番地 A

権　利　部　（乙区）（所有権以外の権利に関する事項）			
順位番号	登記の目的	受付年月日・受付番号	権利者その他の事項
1	抵当権設定	令和何年何月何日 第何号	原因　令和何年何月何日金銭消費貸借同日設定 債権額　金1000万円 債務者　何市何町何番地 A 抵当権者　何市何町何番地 X
付記１号	１番抵当権一部移転	令和何年何月何日 第何号	原因　令和何年何月何日債権一部譲渡 譲渡額　金400万円 抵当権者　何市何町何番地 Y
付記２号	１番抵当権変更	令和何年何月何日 第何号	原因　令和何年何月何日Yの債権弁済 債権額　金600万円

One Point◆ 共有者の一方への弁済

抵当権の共有者のＸまたはＹの一方に対して、その債権の全額の弁済があったときは、抵当権の債権額を減額する変更の登記を申請することになります。

【申請情報】

登記の目的	1番抵当権変更
原　　　因	令和何年何月何日Yの債権弁済　＊1
変更後の事項	債権額　金600万円
権　利　者	何市何町何番地 A
義　務　者	何市何町何番地　＊2 X 何市何町何番地 Y
添付情報	登記原因証明情報 登記識別情報（X及びYの登記識別情報） （承諾を証する情報） 代理権限証明情報（A、X及びYの委任状）
登録免許税	金1000円

＊1　Xの債権を全額弁済したときは、「令和何年何月何日Xの債権弁済」として、同じように、抵当権の変更の登記を申請する。

＊2　登記義務者は、抵当権の共有者全員と解される。なお、弁済を受けたYのみが登記義務者となるという見解もある。

本事例を元本確定後の根抵当権に置き換えた場合に、Xに弁済したときの申請情報（抜粋）は、以下のとおりとなる。

登記の目的	1番根抵当権の根抵当権者をYとする変更
原　　　因	令和何年何月何日Xの債権弁済
権　利　者	何市何町何番地　A
義　務　者	何市何町何番地　X
添 付 情 報	登記原因証明情報　登記識別情報 代理権限証明情報

なお、Yの債権を弁済したときは、同様に、「1番根抵当権の根抵当権者をXとする変更」の登記を申請するという考え方と、「1番付記1号根抵当権一部移転抹消」の登記を申請すべきという考え方がある。

No.33 根抵当権の抹消登記（弁済）

元本確定後

【事例】

1番根抵当権の元本が確定した後、債務者のAが、根抵当権者の株式会社X銀行（代表取締役　甲）に対して、被担保債権の全額を弁済したことにより根抵当権が消滅したときの根抵当権の抹消登記の申請情報。

【完了後の登記記録（登記事項一部省略）】

権　利　部　（甲区）（所　有　権　に　関　す　る　事　項）			
順位番号	登記の目的	受付年月日・受付番号	権利者その他の事項
1	所有権保存	令和何年何月何日 第何号	所有者　何市何町何番地 A

権　利　部　（乙区）（所有権以外の権利に関する事項）			
順位番号	登記の目的	受付年月日・受付番号	権利者その他の事項
1	根抵当権設定	令和何年何月何日 第何号	原因　令和何年何月何日設定 極度額　金1000万円 債権の範囲　金銭消費貸借取引 債務者　何市何町何番地 A 根抵当権者　何市何町何番地 株式会社X銀行
付記1号	1番根抵当権元本確定	令和何年何月何日 第何号	令和何年何月何日確定
2	1番根抵当権抹消	令和何年何月何日 第何号	原因　令和何年何月何日弁済

One Point◆ 弁済による抹消登記

弁済を原因とする根抵当権の抹消登記は、その元本が確定した後のハナシです。そのため、元本が確定していることが登記記録上明らかな場合を除き、前提として元本確定の登記（No.30-1、No.30-2）を申請することを忘れないようにしましょう。

【申請情報】

登記の目的	1番根抵当権抹消
原　　因	令和何年何月何日弁済　＊1
権　利　者	何市何町何番地 A
義　務　者	何市何町何番地 株式会社Ｘ銀行 （会社法人等番号　1234-56-789012） 代表取締役　甲
添付情報	登記原因証明情報 登記識別情報（株式会社Ｘ銀行の登記識別情報） 会社法人等番号 （承諾を証する情報）　＊2 代理権限証明情報（Ａ及び株式会社Ｘ銀行の代表者の委任状）
登録免許税	金1000円　＊3

＊1　「解除」や「根抵当権放棄」を登記原因とする場合は、元本の確定の前後を問わず、根抵当権の抹消登記を申請することができる。

＊2　転抵当権者など、抹消する根抵当権を目的とする権利があるときは、その者の承諾を証する情報の提供を要する（不動産登記法68条）。

＊3　登録免許税は、不動産1個につき金1000円である。

先例

① 「弁済」を登記原因として根抵当権の登記の抹消を申請するときは、登記記録上、元本が確定していることが明らかである場合を除いて、前提として根抵当権の元本の確定の登記を要する（質疑答研488P147）。

② 根抵当権の元本が確定した後、債務者が被担保債権の一部を弁済したに過ぎないときは、登記の申請を要しない。

→根抵当権が消滅することもなければ、極度額に変動が生じることもないからである。

No.34-1 抵当権の抹消登記（休眠担保権の抹消）

【事例】
不動産登記法70条４項後段の規定による抵当権の抹消登記の申請情報。

【申請情報】

登記の目的	何番抵当権抹消
原　　　因	令和何年何月何日弁済　＊1
権　利　者	何市何町何番地　（申請人）X
義　務　者	何市何町何番地　A
添付情報	登記原因証明情報　＊2 （承諾証明情報） 代理権限証明情報（Xの委任状）
登録免許税	金1000円

＊1　登記原因は「弁済」であり、その日付は、供託が効力を生じた日である。

＊2　登記原因証明情報は、次のとおり（不動産登記令別表26添付情報欄ニ）。

① 被担保債権の弁済期を証する情報

② 被担保債権、利息、損害金の全額を供託したことを証する情報

③ 共同して抹消登記を申請すべき者の所在が知れないことを証する情報

No.34-2 抵当権の抹消登記（解散した法人の担保権の抹消）

【事例】

甲土地（所有者Ａ）の１番抵当権者である株式会社Ｘが解散し、その清算人の所在が判明しないため、不動産登記法70条の２の規定により抵当権抹消登記を申請するときの申請情報。なお、申請人の住所または本店、会社法人等番号、代表機関の資格および氏名の記載を要しない。

【申請情報】

登記の目的	１番抵当権抹消
原　　　因	不動産登記法第70条の２の規定による抹消　　＊1
権　利　者	（申請人）Ａ
義　務　者	株式会社Ｘ
添付情報	登記原因証明情報　　＊2 代理権限証明情報（Ａの委任状）
登録免許税	金1000円

＊1　登記原因は上記のとおり記載し、登記原因の日付を要しない（先例令5.3.28-538）。

＊2　登記原因証明情報として、以下のものを添付する（不動産登記令別表26添付情報欄ホ）。

①　被担保債権の弁済期を証する情報

②　共同して抹消登記を申請すべき法人の解散の日を証する情報

③　所定の方法により調査を行ってもなお法人の清算人の所在が判明しないことを証する情報

コラム　抵当権の抹消登記といえば・・・？

記述式試験の心得として、ひとつのキーワードから関連するいくつかの先例の知識を引き出すことが、とても大切です。解答時間の短縮にもつながるためです。

たとえば、本編第11章で抵当権（根抵当権を含む）の抹消登記を学習しましたが、本試験は、単純にその抹消登記だけを聞くケースばかりではありません。抵当権の抹消登記に関連する先例には、以下のものがあります。いずれも、抹消登記の前提として、その登記を要するかどうかというものです。

> ①　登記名義人の住所等の変更登記
> ②　合併による（根）抵当権移転登記
> ③　設定者の相続による所有権移転登記

抵当権の抹消登記というキーワードから、上記の先例がパッと思い浮かぶようにしておくとよいでしょう。なお、これらの先例の詳細は、**No.31-2** でご紹介していますので、再度、確認してください。

なお、近年の記述式では、①が平成21年（抵当権者の名変不要）、②が令和4年（合併による移転登記→抹消登記）、③が平成31年（相続登記→抹消登記）にそれぞれ出題されています。

記述式試験には、必ず、「元ネタ」としての先例がその背後に存在します。

別紙の読み取りや事案の整理も大切ですが、その前提として、先例の理解と記憶が必要となります。本書でも、ひながたとともに、関連する先例も掲載しています。

問題文の事案を読んだときに、素早く先例の知識を引き出して、申請すべき登記を正確に特定できるようにしましょう。

第4編

仮処分の登記

No. 1-1 仮処分による失効

基本形

【事例】

別紙のとおりの登記記録のある甲土地について、「被告Aは、原告Bに対して、令和何年何月何日売買を原因とする所有権の移転の登記手続をせよ」との判決が確定した。この判決に基づいて、A→Bへの所有権の移転の登記と同時に申請する仮処分による失効を原因とする登記の申請情報。

（別紙）　甲土地の登記記録（登記事項一部省略）

権利部（甲区）（所有権に関する事項）			
順位番号	登記の目的	受付年月日・受付番号	権利者その他の事項
2	所有権移転	令和何年何月何日 第何号	原因　令和何年何月何日売買 所有者　何市何町何番地 A
3	処分禁止仮処分	令和何年何月何日 第何号	原因　令和何年何月何日 何地方裁判所仮処分命令 債権者　何市何町何番地 B
4	所有権移転	令和何年何月何日 第何号	原因　令和何年何月何日売買 所有者　何市何町何番地 C

One Point◆ 仮処分による失効

仮処分による失効を原因とする登記の急所は、登記原因、申請人、添付情報です。また、この登記は、仮処分によって保全していた所有権の移転の登記と、同時に申請するという点も重要です。同時申請が要求される数少ない登記のひとつです。

【申請情報】

登記の目的	4番所有権抹消
原　　　因	仮処分による失効　　＊1
義　務　者	何市何町何番地 C
申　請　人	何市何町何番地 B
添付情報	通知をしたことを証する情報（内容証明郵便）　＊2 代理権限証明情報（Bの委任状）
登録免許税	金1000円

＊1　登記原因は、「仮処分による失効」である。この場合、登記原因の日付の記載を要しない（先例平2.11.8-5000）。

＊2　仮処分による失効を原因とする登記を申請するときは、登記原因証明情報の提供を要しない（不動産登記令7条3項2号、3号、4号）。

先例

① 仮処分に後れる登記を抹消する際の通知は、内容証明郵便ですることを要する（先例平2.11.8-5000）。

② 仮処分債権者が、仮処分に後れる登記の名義人の登記記録上の住所に宛てて通知をし、その通知を発した日から1週間を経過した後に、仮処分に後れる登記の抹消を申請する場合、申請情報と併せて、内容証明郵便による通知をしたことを証する情報を提供すれば足り、通知の到達を証する情報の提供を要しない（先例平2.11.8-5000）。

→上記の通知は、遅くとも、これを発した日から1週間を経過した時に到達したものとみなされるからである（民事保全法59条2項）。これに対し、通知を発した日から1週間を経過する前に登記を申請するときは、通知の到達を証する情報の提供を要することとなる。

ココをチェックしよう

ここでは、**No.1-1**の登記が完了した後の登記記録例を確認しよう。

なお、仮処分による失効を原因とする登記と同時に申請すべきA→Bへの所有権移転登記は、すでに学習済みの判決による登記である。念のため、下記に申請情報を示しておいたので、改めて復習しておこう。もちろん、原則どおり、AとBが共同で申請してもかまわない（先例昭37.6.18-1562）。

【申請情報】

登記の目的	所有権移転
原　　　因	令和何年何月何日売買
権　利　者	何市何町何番地
	（申請人）B
義　務　者	何市何町何番地
	A
添付情報	登記原因証明情報（判決書正本及び確定証明書）
	住所証明情報（Bの住民票の写し）
	代理権限証明情報（Bの委任状）
課税価格	金1000万円
登録免許税	金20万円

上記の登記をするためには、Cの登記がジャマである。Cに登記がある以上、A→Bへの登記をすることができない。そこで、そのジャマな登記を消して、本来実現したかったA→Bへの所有権の移転の登記を申請するのである。このあたりの事情は、登記記録を見ればよくわかるだろう。これが、処分禁止の仮処分の登記の一連の手続の流れである。

【完了後の登記記録（登記事項一部省略）】

権　利　部　（甲区）　（所　有　権　に　関　す　る　事　項）			
順位番号	登記の目的	受付年月日・受付番号	権利者その他の事項
2	所有権移転	令和何年何月何日 第何号	原因　令和何年何月何日売買 所有者　何市何町何番地 A
3	処分禁止仮処分	令和何年何月何日 第何号	原因　令和何年何月何日 何地方裁判所仮処分命令 債権者　何市何町何番地 B
4	所有権移転	令和何年何月何日 第何号	原因　令和何年何月何日売買 所有者　何市何町何番地 C
5	4番所有権抹消	令和何年12月3日 第12300号	原因　仮処分による失効
6	所有権移転	令和何年12月3日 第12300号	原因　令和何年何月何日売買 所有者　何市何町何番地 B
7　＊	3番仮処分登記抹消	余白	仮処分の目的達成により 令和何年何月何日登記

＊　甲区7番に注目しよう。本事例のように、A→Bへの所有権移転登記と同時に、仮処分に後れる第三者の登記を単独で抹消したときは、甲区3番の処分禁止仮処分の登記を、登記官が職権で抹消する（不動産登記法111条3項）。

第4編　仮処分の登記

No.1-2 仮処分による一部失効

基本形➡変形

【事例】

別紙のとおりの登記記録のある甲土地につき、原告Bが、被告Aに対して求めていた登記手続訴訟で、B勝訴の判決が確定した。この判決に基づいて、A→Bへの所定の登記と同時に申請する、仮処分に後れるCの権利に対する登記の申請情報。

〈平成17年記述式〉

（別紙） 甲土地の登記記録（登記事項一部省略）

権利部（甲区）（所有権に関する事項）			
順位番号	登記の目的	受付年月日・受付番号	権利者その他の事項
2	所有権移転	令和何年何月何日 第何号	原因　令和何年何月何日売買 所有者　何市何町何番地 A
3	所有権の一部３分の１処分禁止仮処分	令和何年何月何日 第何号	原因　令和何年何月何日 何地方裁判所仮処分命令 債権者　何市何町何番地 B
4	所有権移転	令和何年何月何日 第何号	原因　令和何年何月何日売買 所有者　何市何町何番地 C

One Point◆ 基本形→変形のコツ

本事例は、かなり応用的な登記の申請といえるでしょう。これに類似の事例が、平成17年の記述式で出題されています。急所は、Cの権利のどの部分が仮処分に抵触しているのか、ということです。

【申請情報】

登記の目的　４番所有権更正　＊１
原　　因　仮処分による一部失効　＊２
更正後の事項　目　的　所有権一部移転
共有者　何市何町何番地
持分３分の２　C
義 務 者　何市何町何番地
C
申 請 人　何市何町何番地
B
添付情報　通知をしたことを証する情報（内容証明郵便）
代理権限証明情報（Bの委任状）
登録免許税　金1000円　＊３

＊１　BとCの権利が抵触するのは所有権の一部３分の１であり、全部が抵触するのではないから、Bは、Cの権利の全部を抹消することができない。そのため、Bが申請すべき登記は、抹消登記ではなく、一部の抹消、つまり更正登記なのである。

＊２　登記原因として、「仮処分による一部失効」と記載する。また、登記原因の日付の記載を要しない。

＊３　登録免許税は、不動産１個につき金1000円である。

参考 同時に申請する登記の申請情報

登記の目的　A持分全部移転
原　　因　令和何年何月何日売買
権 利 者　何市何町何番地
（申請人）持分３分の１　B
義 務 者　何市何町何番地
A
添付情報　登記原因証明情報（判決書正本及び確定証明書）
住所証明情報（Bの住民票の写し）
代理権限証明情報（Bの委任状）
課税価格　移転した持分の価格　金500万円
登録免許税　金10万円

【完了後の登記記録（登記事項一部省略）】

権　利　部（甲区）（所　有　権　に　関　す　る　事　項）			
順位番号	登記の目的	受付年月日・受付番号	権利者その他の事項
2	所有権移転	令和何年何月何日 第何号	原因　令和何年何月何日売買 所有者　何市何町何番地 A
3	所有権の一部３分の１処分禁止仮処分	令和何年何月何日 第何号	原因　令和何年何月何日 何地方裁判所仮処分命令 債権者　何市何町何番地 B
4	所有権移転	令和何年何月何日 第何号	原因　令和何年何月何日売買 所有者　何市何町何番地 C
	４番所有権更正	令和何年12月３日 第12300号	原因　仮処分による一部失効 登記の目的　所有権一部移転 共有者　何市何町何番地 持分３分の２　C
6	A持分全部移転	令和何年12月３日 第12300号	原因　令和何年何月何日売買 共有者　何市何町何番地 持分３分の１　B
7	３番仮処分登記抹消	余白	仮処分の目的達成により 令和何年何月何日登記

第5編

用益権の登記

No. 1 地役権設定（通行地役権）

【事例】

Aが自己の所有する甲土地の便益のために、Bが所有する乙土地を承役地として通行地役権を設定したときの申請情報。なお、甲土地と乙土地は同一の登記所の管轄に属するものとする。

【完了後の登記記録例】

承役地

権　利　部　（乙区）（所有権以外の権利に関する事項）			
順位番号	登記の目的	受付年月日・受付番号	権利者その他の事項
1	地役権設定	令和何年何月何日 第何号	原因　令和何年何月何日設定 目的　通行 範囲　東側12平方メートル 要役地　何市何町何番 地役権図面第何号

要役地

権　利　部　（乙区）（所有権以外の権利に関する事項）			
順位番号	登記の目的	受付年月日・受付番号	権利者その他の事項
1	要役地地役権	余白	承役地　何市何町何番 目的　通行 範囲　東側12平方メートル 令和何年何月何日登記

One Point◆ 地役権

地役権の登記の急所は、登記が完了しても地役権者には登記識別情報が通知されないということです。また、承役地の地役権の登記が完了すると、登記官が職権で要役地に地役権の登記をします（不動産登記法80条４項、不動産登記規則159条１項）。完了後の登記記録例と照らし合わせながら、申請情報の内容を学習しましょう。

【申請情報】

登記の目的	地役権設定　　＊1
原　　　因	令和何年何月何日設定
目　　　的	通行　　＊2
範　　　囲	東側12平方メートル
権　利　者	A
義　務　者	B
添付情報	登記原因証明情報 登記識別情報（Bの登記識別情報） 印鑑証明書（Bの印鑑証明書） 地役権図面　　＊3 代理権限証明情報（A及びBの委任状）
登録免許税	金1500円　　＊4
不動産の表示	
承役地	（記載省略）
要役地	（記載省略）　　＊2

＊1　地役権の設定の登記は、承役地を管轄する登記所に申請する。

＊2　地役権の絶対的登記事項は、要役地の表示、地役権設定の目的、範囲である（不動産登記法80条1項1号・2号）。このうち、要役地の表示は、不動産の表示に記載する。

＊3　地役権の設定の範囲が承役地の一部であるときは、地役権図面を提供する（不動産登記令別表35添付情報欄ロ）。一方、範囲を全部とするときは、地役権図面の提供を要しないことに注意しよう。

＊4　登録免許税は、承役地1個につき金1500円である。

先例

① 要役地が他の登記所の管轄区域内にあるときは、要役地の登記事項証明書の提供を要する（不動産登記令別表35添付情報欄ハ）。

② 地役権の設定の登記が完了しても、申請人である地役権者には登記識別情報は通知されない。承役地に地役権者の氏名または名称及び住所が登記されないからである（不動産登記法80条2項、完了後の登記記録例を参照）。

③ 要役地の所有権の登記名義人が2人以上あるときであっても、地役権の設定の登記の申請情報の内容として各登記名義人の持分の提供を要しない。

→地役権者の住所氏名が登記されないからである（不動産登記法80条2項）。

No.2-1 普通地上権の設定

【事例】

Aが、B所有の土地に竹木所有を目的とする地上権を設定したときの申請情報。

【申請情報】

登記の目的	地上権設定
原　　因	令和何年何月何日設定
目　　的	竹木所有　＊1
地　　代	1平方メートル1年何万円　＊2
支払時期	毎年何月何日
地上権者	何市何町何番地 A
設定者	何市何町何番地 B
添付情報	登記原因証明情報 登記識別情報（Bの登記識別情報） 印鑑証明書（Bの印鑑証明書） 代理権限証明情報（A及びBの委任状）
課税価格	金1000万円
登録免許税	金10万円　＊3

＊1　絶対的登記事項は、地上権設定の目的である（不動産登記法78条1号）。

＊2　地代またはその支払時期の定めは任意的登記事項であるため、その定めがあるときのみ登記事項となる（不動産登記法78条2号）。

＊3　登録免許税は、不動産価額に1000分の10を乗じた額である。

先例

法定地上権が成立した場合、その設定の登記は裁判所書記官からの嘱託によるのではなく、当事者が共同して申請する。この場合、登記の目的を「地上権設定」、登記原因を「年月日法定地上権設定」とし、登記原因の日付は買受人が代金を納付した日である（先例昭55.8.28-5267）。

No.2-2 区分地上権の設定

【事例】

Aが B所有の土地を目的として区分地上権を設定したときの申請情報。

〈平成30年記述式〉

【申請情報】

登記の目的	地上権設定　＊1
原　　因	令和何年何月何日設定　＊2
目　　的	高架鉄道敷設
範　　囲	東京湾平均海面の上何メートルから上何メートルの間　＊3
地　　代	1平方メートル1年何万円
支払時期	毎年何月何日
特　　約	土地の所有者は高架鉄道の運行の障害となる工作物を設置しない　＊4
地上権者	何市何町何番地　A
設 定 者	何市何町何番地　B
添付情報	登記原因証明情報 登記識別情報（Bの登記識別情報） 印鑑証明書（Bの印鑑証明書） （承諾を証する情報）　＊5 代理権限証明情報（A及びBの委任状）
課税価格	金1000万円
登録免許税	金10万円

＊1　登記の目的は、「地上権設定」である。「区分地上権設定」ではない。

＊2　登記原因の日付は、区分地上権の設定契約の日である。契約の日よりも後に目的土地を使用収益する権利等を有する第三者の承諾を得たときは、承諾の日が登記原因の日付となる。

＊3　絶対的登記事項は、目的と範囲である（不動産登記法78条1号・5号）。

→範囲が登記事項であるが、地役権の登記と相違して、添付情報として図面の提供を要しない（先例昭41.11.14-1907）。

＊4　土地の使用を制限する旨の定めは、特約として登記事項となる（不動産登記法78条5号）。

＊5　目的土地を使用収益する権利等を有する第三者がいるときは、その承諾を証する情報の提供を要する（不動産登記令7条1項5号ハ、先例昭41.11.14-1907）。

No.3-1 賃借権設定

【事例】
Aが、B所有の不動産に賃借権を設定したときの申請情報。

〈平成29年記述式〉

【申請情報】

登記の目的	賃借権設定
原　　因	令和何年何月何日設定
賃　　料	１月何万円　＊1
支払時期	毎月末日　＊2
存続期間	何年
敷　　金	金何万円
特　　約	譲渡、転貸ができる
賃借権者	何市何町何番地 A
設 定 者	何市何町何番地 B
添付情報	登記原因証明情報 登記識別情報（Ｂの登記識別情報） 印鑑証明書（Ｂの印鑑証明書） 代理権限証明情報（Ａ及びＢの委任状）
課税価格	金1000万円
登録免許税	金10万円　＊3

＊1　絶対的登記事項は、賃料である（不動産登記法81条１号）。

＊2　賃料の支払時期の定め、存続期間の定め、敷金、譲渡・転貸ができる旨の特約はいずれも任意的登記事項であるため、その定めがあるときのみ登記事項となる（不動産登記法81条２～４号）。

＊3　登録免許税は、不動産価額に1000分の10を乗じた額である。

No.3-2 事業用定期借地権の設定

【事例】

Aが、B所有の土地に借地借家法23条２項の事業用定期借地権として賃借権を設定したときの申請情報。

〈平成26年記述式〉

【申請情報】

登記の目的	賃借権設定　＊1
原　　因	令和何年何月何日設定
目　　的	借地借家法第23条第２項の建物所有　＊2
賃　　料	１月何万円（または１平方メートル１月何万円）
支払時期	毎月末日
存続期間	20年
敷　　金	金何万円
特　　約	譲渡、転貸ができる
賃借権者	何市何町何番地 A
設 定 者	何市何町何番地 B
添付情報	登記原因証明情報（公正証書の謄本）　＊3 登記識別情報（Bの登記識別情報） 印鑑証明書（Bの印鑑証明書） 代理権限証明情報（A及びBの委任状）
課税価格	金1000万円
登録免許税	金10万円

＊1　登記の目的は、単に「賃借権設定」である。

＊2　目的として、「借地借家法第23条第２項の建物所有」と記載する（不動産登記法81条7号）。

＊3　執行力のある確定判決の判決書の正本を提供する場合を除いて、登記原因証明情報として、公正証書の謄本の提供を要する（不動産登記令別表38添付情報欄ロ）。

No.3-3 定期借地権の設定

【事例】

Aが、B所有の不動産に借地借家法22条1項の定期借地権として賃借権を設定したときの申請情報。

【申請情報】

登記の目的	賃借権設定
原　　因	令和何年何月何日設定
目　　的	建物所有
賃　　料	1月何万円（または1平方メートル1月何万円）
支払時期	毎月末日
存続期間	50年
特　　約	借地借家法第22条第1項の特約　＊1
賃借権者	何市何町何番地 A
設 定 者	何市何町何番地 B
添付情報	登記原因証明情報　＊2 登記識別情報（Bの登記識別情報） 印鑑証明書（Bの印鑑証明書） 代理権限証明情報（A及びBの委任状）
課税価格	金1000万円
登録免許税	金10万円

＊1　特約として「借地借家法第22条第1項の特約」と記載する。

＊2　執行力のある確定判決の判決書の正本を提供する場合を除いて、特約を証する公正証書等の書面及びその他の登記原因を証する情報を提供する（不動産登記令別表38添付情報欄イ）。

→定期借地権の場合、事業用定期借地権と異なり、契約を証する書面は公正証書に限定されない（借地借家法22条1項後段参照）。

本書で取り上げた用益権（地役権、地上権、賃借権）の絶対的登記事項と任意的登記事項を整理しておこう。

1　地役権（不動産登記法80条１項）

絶対的登記事項	要役地の表示、目的、範囲
任意的登記事項	民法281条１項ただし書の別段の定め 民法285条１項ただし書の別段の定め 民法286条の定め

2　地上権（不動産登記法78条）

絶対的登記事項	目的 （区分地上権の場合は、目的及び範囲）
任意的登記事項	地代またはその支払時期の定め、存続期間 借地借家法22条１項前段、23条１項等の定め 地上権設定の目的が借地借家法23条１項または２項に規定する建物の所有であるときは、その旨 土地の使用の制限に関する定め（区分地上権の場合のみ）

3　賃借権（不動産登記法81条）

絶対的登記事項	賃料
任意的登記事項	存続期間、賃料の支払時期の定め 賃借権の譲渡または賃借物の転貸を許す旨の定め 敷金 賃貸人が財産の処分につき行為能力の制限を受けた者または財産の処分の権限を有しない者であるときは、その旨 土地の賃借権の設定の目的が建物の所有であるときは、その旨 借地上の建物が借地借家法23条１項または２項に規定する建物であるときは、その旨 借地借家法22条１項前段、23条１項、38条１項前段、39条１項等の定め

No.4-1 配偶者居住権の設定（遺産分割）

【事例】

共同相続人間の遺産分割により、Aが配偶者居住権を取得し、Bが建物の所有権を取得した場合の配偶者居住権の設定登記の申請情報。

令和４年記述式

【完了後の登記記録例】

権利部（甲区）（所有権に関する事項）			
順位番号	登記の目的	受付年月日・受付番号	権利者その他の事項
3	所有権移転	令和何年何月何日 第何号	原因　令和何年何月何日相続 所有者　何市何町何番地　B

権利部（乙区）（所有権以外の権利に関する事項）			
順位番号	登記の目的	受付年月日・受付番号	権利者その他の事項
1	配偶者居住権設定	令和何年何月何日 第何号	原因　令和何年何月何日遺産分割 存続期間　配偶者居住権者の死亡時まで 特約　第三者に居住建物の使用又は収益をさせることができる。 配偶者居住権者　何市何町何番地　A

One Point◆ 配偶者居住権

配偶者居住権の登記の急所は、登記事項です。また、配偶者居住権の設定登記は、配偶者と居住建物の所有者との共同申請によります。このため、建物の登記名義が被相続人のままであるときは、配偶者居住権の設定登記を申請する前提として、相続登記の申請を要します（先例令2.3.30-324）。この点にも注意しておきましょう。

【申請情報】

登記の目的	配偶者居住権設定	
原　　　因	令和何年何月何日遺産分割	＊1
存続期間	配偶者居住権者の死亡時まで	＊2
特　　　約	第三者に居住建物の使用又は収益をさせることができる	＊3
権　利　者	何市何町何番地　　Ａ	＊4
義　務　者	何市何町何番地　　Ｂ	
添付情報	登記原因証明情報 登記識別情報（Ｂの登記識別情報） 印鑑証明書（Ｂの印鑑証明書） 代理権限証明情報（Ａ及びＢの委任状）	
課税価格	金1000万円	
登録免許税	金２万円	＊5

＊1　登記原因の日付は、遺産分割協議（調停）が成立した日、または、遺産分割の審判が確定した日である。このほかの登記原因及びその日付は、次のとおりである。

①「年月日遺贈」　　日付は、遺贈の効力が生じた日（遺言者の死亡の日）

②「年月日死因贈与」　日付は、死因贈与の効力が生じた日（贈与者の死亡の日）

＊2　絶対的登記事項は存続期間である（先例令2.3.30-324）。

＊3　第三者に居住建物の使用又は収益をさせることを許す旨の定めがあるときは、その定めが登記事項となる（任意的登記事項、不動産登記法81条の２第２号）。

＊4　配偶者居住権を取得した配偶者が登記権利者、居住建物の所有者が登記義務者となる。

＊5　登録免許税は、不動産価額の1000分の２である。

先例

①　遺産分割の審判により、配偶者が配偶者居住権を取得し、かつ、登記義務者である居住建物の所有者に配偶者居住権の設定登記手続をすべきことが命じられたときは、この審判に基づいて、配偶者は、単独で配偶者居住権の設定登記を申請することができる（先例令2.3.30-324）。

②　特定財産承継遺言（相続させる旨の遺言のうち遺産分割の方法の指定がされたもの）によって、配偶者居住権を取得することはできない（先例令2.3.30-324）。

③　遺言者が、配偶者に「配偶者居住権を相続させる」旨の遺言をした場合であっても、遺言書の全体の記載からこれを遺贈の趣旨と解することに特段の疑義が生じない限り、この遺言書を登記原因証明情報として提供して、「遺贈」による配偶者居住権の設定登記を申請することができる（令2.3.30-324）。

④　配偶者居住権の設定の仮登記、始期付配偶者居住権の設定の仮登記（死因贈与の場合）を申請することができる（先例令2.3.30-324）。

No.4-2 配偶者居住権の抹消（合意消滅）

【事例】

配偶者居住権者のＡと、建物所有者のＢとの合意により配偶者居住権が消滅したときの配偶者居住権の抹消登記の申請情報。

【申請情報】

登記の目的	配偶者居住権抹消
原　　因	令和何年何月何日合意消滅　＊1
権 利 者	何市何町何番地　Ｂ　＊2
義 務 者	何市何町何番地　Ａ
添付情報	登記原因証明情報
	登記識別情報（Ａの登記識別情報）
	（承諾証明情報）　＊3
	代理権限証明情報（Ｂ及びＡの委任状）
登録免許税	金1000円　＊4

＊1　登記原因は、配偶者居住権が消滅した日をもって、「年月日合意消滅」と記載する。

＊2　登記権利者は建物所有者、登記義務者は配偶者居住権者である。なお、配偶者居住権者の現在の住所氏名が、登記記録上の住所氏名と一致しないときは、住所や氏名の変更を証する情報（住民票の写し等）を添付すれば足りる（先例昭31.10.17-2370参照）。

＊3　登記上の利害関係を有する第三者がいるときは、その承諾を証する情報の提供を要する（先例令2.3.30-324）。

＊4　登録免許税は、不動産１個につき金1000円である。

No.4-3 配偶者居住権の抹消（配偶者居住権者の死亡）

【事例】
配偶者居住権者のAが死亡したため、建物所有者のBが、配偶者居住権の抹消登記を単独で申請するときの申請情報。

【申請情報】

登記の目的	配偶者居住権抹消	
原　　因	令和何年何月何日死亡による消滅	＊1
権 利 者	何市何町何番地　（申請人）B	＊2
義 務 者	何市何町何番地　A	
添付情報	登記原因証明情報	＊3
	（承諾証明情報）	
	代理権限証明情報	
登録免許税	金1000円	

＊1　登記原因は、配偶者居住権者が死亡した日をもって、「年月日死亡による消滅」と記載する。

＊2　配偶者居住権者の死亡により配偶者居住権が消滅したときは、不動産登記法69条の規定により、登記権利者（居住建物の所有者）が、単独で配偶者居住権の抹消登記を申請することができる（先例令2.3.30-324）。

＊3　登記権利者が単独で配偶者居住権の抹消登記を申請するときは、その登記原因証明情報として、配偶者居住権者の死亡を証する戸籍全部事項証明書等を添付する。

先例

① 配偶者居住権は譲渡することができないため、配偶者居住権の移転登記を申請することはできない（先例令2.3.30-324、民法1032条2項）。

② 配偶者居住権の存続期間が定められたときは、存続期間の延長や更新を内容とする配偶者居住権の変更登記を申請することはできない（先例令2.3.30-324）。

③ 配偶者居住権の設定登記がされた後、配偶者が配偶者居住権の存続期間の一部を放棄したときは、存続期間を短縮する配偶者居住権の変更登記を申請することができる（先例令2.3.30-324）。

オートマ実行委員会メンバー

山本浩司（やまもとこうじ）

大阪生まれ。
Wセミナー専任講師
１年合格コースの最短最速合格者。２ＷＡＹ学習法を活かし、本試験の出題範囲を効果的に教授する資格試験講師のプロ。講演会活動なども精力的にこなしている。
本書では、全科目の監修、執筆を行っている。

西垣哲也（にしがきてつや）

名古屋生まれ。TAC名古屋校司法書士講座専任講師。平成19年司法書士試験合格。オートマシリーズをこよなく愛する実行委員。座右の銘は「日進月歩」。合言葉は「いつかはフェラーリ」。

司法書士

山本浩司のオートマシステム
試験に出るひながた集　不動産登記法　第５版

2014年11月23日　初　版　第１刷発行
2024年６月25日　第５版　第１刷発行

著　　　者　山　本　浩　司
発　行　者　猪　野　　　樹
発　行　所　株式会社　早稲田経営出版
〒101-0061 東京都千代田区神田三崎町3-1-5
神田三崎町ビル
電話 03(5276)9492(営業)
FAX 03(5276)9027
組　　　版　株式会社　グ　ラ　フ　ト
印　　　刷　日 新 印 刷 株 式 会 社
製　　　本　東京美術紙工協業組合

© Kōji Yamamoto 2024　　Printed in Japan
ISBN 978-4-8471-5156-9
N.D.C. 327

本書は，「著作権法」によって，著作権等の権利が保護されている著作物です。本書の全部または一部につき，無断で転載，複写されると，著作権等の権利侵害となります。上記のような使い方をされる場合，および本書を使用して講義・セミナー等を実施する場合には，小社宛許諾を求めてください。

乱丁・落丁による交換，および正誤のお問合せ対応は，該当書籍の改訂版刊行月末日までといたします。なお，交換につきましては，書籍の在庫状況等により，お受けできない場合もございます。
また，各種本試験の実施の延期，中止を理由とした本書の返品はお受けいたしません。返金もいたしかねますので，あらかじめご了承くださいますようお願い申し上げます。

書籍の正誤に関するご確認とお問合せについて

書籍の記載内容に誤りではないかと思われる箇所がございましたら、以下の手順にてご確認とお問合せをしてくださいますよう、お願い申し上げます。
なお、正誤のお問合せ以外の**書籍内容に関する解説および受験指導などは、一切行っておりません。**
そのようなお問合せにつきましては、お答えいたしかねますので、あらかじめご了承ください。

1 「Cyber Book Store」にて正誤表を確認する

早稲田経営出版刊行書籍の販売代行を行っている
TAC出版書籍販売サイト「Cyber Book Store」の
トップページ内「正誤表」コーナーにて、正誤表をご確認ください。

CYBER BOOK STORE TAC出版書籍販売サイト

URL:https://bookstore.tac-school.co.jp/

2 1の正誤表がない、あるいは正誤表に該当箇所の記載がない ⇒ 下記①、②のどちらかの方法で文書にて問合せをする

★ご注意ください★

お電話でのお問合せは、お受けいたしません。
①、②のどちらの方法でも、お問合せの際には、「お名前」とともに、
「対象の書籍名(○級・第○回対策も含む)およびその版数(第○版・○○年度版など)」
「お問合せ該当箇所の頁数と行数」
「誤りと思われる記載」
「正しいとお考えになる記載とその根拠」
を明記してください。
なお、回答までに1週間前後を要する場合もございます。あらかじめご了承ください。

① ウェブページ「Cyber Book Store」内の「お問合せフォーム」より問合せをする

【お問合せフォームアドレス】

https://bookstore.tac-school.co.jp/inquiry/

② メールにより問合せをする

【メール宛先 早稲田経営出版】

sbook@wasedakeiei.co.jp

※土日祝日はお問合せ対応をおこなっておりません。
※正誤のお問合せ対応は、該当書籍の改訂版刊行月末日までといたします。

乱丁・落丁による交換は、該当書籍の改訂版刊行月末日までといたします。なお、書籍の在庫状況等により、お受けできない場合もございます。
また、各種本試験の実施の延期、中止を理由とした本書の返品はお受けいたしません。返金もいたしかねますので、あらかじめご了承くださいますようお願い申し上げます。

早稲田経営出版における個人情報の取り扱いについて
■お預かりした個人情報は、共同利用させていただいているTAC(株)で管理し、お問合せへの対応、当社の記録保管にのみ利用いたします。お客様の同意なしに業務委託先以外の第三者に開示、提供することはございません(法令等により開示を求められた場合を除く)。その他、共同利用に関する事項等については当社ホームページ(http://www.waseda-mp.com)をご覧ください。

(2022年7月現在)

〈ご利用時の注意〉

以下の別冊は、この色紙を残したままていねいに抜き取り、見開きでご使用ください。

また、抜き取りの際の損傷についてのお取替えはご遠慮願います。

別冊の使い方

Step ❶ この色紙を残したまま、ていねいに抜き取ってください。色紙は、本体からとれませんので、ご注意ください。

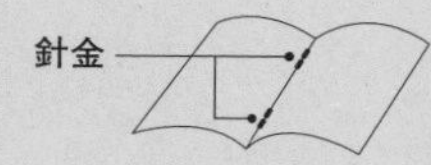

Step ❷ 抜き取った用紙を針金のついているページでしっかりと開き、工具を使用して、針金を外して、見開きでお使いください。針金で負傷しないよう、お気をつけください。

ひながた
書きこみ用
練習シート

▶こちらに引くとこの冊子が取り外せます。

練習シートの使い方

練習シートとして、近年の出題傾向に合わせて、３つのパターンのものを用意しました。また、それぞれの練習シートには、注意事項も記載してあります。その注意事項に従いながら、実際に申請情報をボールペンで書いてみてください。

練習シートは、いずれも、所有権、抵当権、根抵当権、仮処分のいずれにも使用できます。「その１で、きちんと書けるようになったから、次はその２で書いてみよう」などというように、繰り返し訓練して、申請情報のひながたをマスターしましょう。

1　申請情報の内容を確認する

2　申請情報を隠して、練習シートに書いてみる

3　間違えた部分をチェックする

このように素振りを繰り返すことで、記述式試験の基礎を身につけていきましょう。

練習シート　その3

申請情報の内容である登記の目的、登記原因及びその日付、登記事項、申請人の氏名又は名称、添付情報並びに登録免許税を記載しなさい。

登記の目的	
登記原因及びその日付	
登記事項	
申請人の氏名又は名称	

（注意事項）
解答欄に申請人その他の者を記載するに当たっては、住所または本店を記載することを要しない。また、「申請人の氏名又は名称」欄に解答を記載するに当たり、「申請人」「権利者」「義務者」「所有者」等の表示も記載し、法人の代表機関を記載すべき場合には、代表機関の資格及び氏名を記載する。

（注意事項）

1　解答欄に申請人その他の者を記載するに当たっては、住所または本店を記載することを要しない。また、「申請人の氏名又は名称」欄に解答を記載するに当たり、「申請人」「権利者」「義務者」「所有者」等の表示も記載し、法人の代表機関を記載すべき場合には、代表機関の資格及び氏名を記載する。

2　登記原因証明情報以外の添付情報を記載するに際しては、たとえば「印鑑証明書（Aの印鑑証明書）」「代理権限証明情報（Bの委任状）」のように、添付情報の種類が特定されている場合には、当該種類を明記するとともに、かっこ書で、個々の具体的な書面の名称を明記し、誰の又は何に関するものなのか内容を特定できるものは、それを明記する。

3　「前件添付」や「添付省略」等の記載はしない。

練習シート　その1

申請情報の内容である登記の目的、登記原因及びその日付、登記事項、申請人の氏名又は名称、添付情報並びに登録免許税を記載しなさい。

登記の目的	
登記原因及びその日付	
登記事項	
申請人の氏名又は名称	

（注意事項）

解答欄に申請人その他の者を記載するに当たっては、住所または本店を記載することを要しない。また、「申請人の氏名又は名称」欄に解答を記載するに当たり、「申請人」「権利者」「義務者」「所有者」等の表示も記載し、法人の代表機関を記載すべき場合には、代表機関の資格及び氏名を記載する。

添付情報	
登録免許税	

（注意事項）

1　登記原因証明情報以外の添付情報を記載するに際しては、たとえば「印鑑証明書（Aの印鑑証明書）」「代理権限証明情報（Bの委任状）」のように、添付情報の種類が特定されている場合には、当該種類を明記するとともに、かっこ書きで、個々の具体的な書面の名称を明記し、誰の又は何に関するものなのか内容を特定できるものは、それを明記する。

2　「前件添付」や「添付省略」等の記載はしない。

練習シート　その2

申請情報の内容のうち、不動産の所在事項、代理人の表示、申請年月日、登記所の表示及び課税標準の金額を除いた事項を書きなさい。

添付情報	登記原因証明情報（　要　・　不要　）
	登記識別情報（　要　・　不要　） 〔　　〕
	住所証明情報（　要　・　不要　） 〔　　〕
	印鑑証明情報（　要　・　不要　） 〔　　〕
	代理権限証明情報（　要　・　不要　） 〔　　〕
	その他 〔　　〕
登録免許税	

（注意事項）

1　添付情報欄の各情報について、「（要・不要）」のどちらかを○で囲む。

2　「要」を選んだ場合においては、（　）内に、たとえば「Ａ銀行株式会社の代表取締役の印鑑証明書」のように、情報の内容を具体的に特定して記載する。

3　解答欄にあらかじめ記載されていない情報で、添付情報として提供することが必要な情報がある場合には、「その他」の次の（　）内に、たとえば「代位原因証明情報（抵当権の実行としての競売申立てを受理した旨の裁判所の証明書）」のように、添付情報の種類を特定した上で、具体的な書面の内容を記載する。「その他」欄に記載すべき添付情報がない場合には、「なし」と記載する。

4　法令の規定により添付を省略できるもの及び提供されたものとみなされるものについても、添付情報として記載する。